Caderno do Futuro

A evolução do caderno

MATEMÁTICA

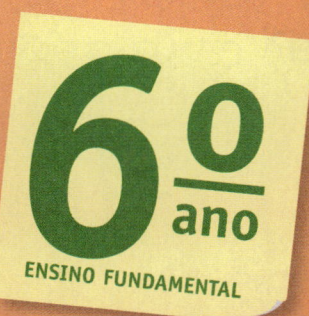

3ª edição
São Paulo – 2013

Coleção Caderno do Futuro
Matemática
© IBEP, 2013

Diretor superintendente	Jorge Yunes
Gerente editorial	Célia de Assis
Editor	Mizue Jyo
Assistente editorial	Edson Rodrigues
Revisão	André Odashima
	Maria Inez de Souza
Coordenadora de arte	Karina Monteiro
Assistente de arte	Marilia Vilela
	Nane Carvalho
	Carla Almeida Freire
Coordenadora de iconografia	Maria do Céu Pires Passuello
Assistente de iconografia	Adriana Neves
	Wilson de Castilho
Produção gráfica	José Antônio Ferraz
Assistente de produção gráfica	Eliane M. M. Ferreira
Projeto gráfico	Departamento de Arte Ibep
Capa	Departamento de Arte Ibep
Editoração eletrônica	N-Publicações

**CIP-BRASIL. CATALOGAÇÃO-NA-FONTE
SINDICATO NACIONAL DOS EDITORES DE LIVROS, RJ**

S58m
3. ed

Silva, Jorge Daniel
 Matemática, 6º ano / Jorge Daniel da Silva, Valter dos Santos Fernandes, Orlando Donisete Mabelini. - 3. ed. - São Paulo : IBEP, 2013.
 il. ; 28 cm   (Caderno do futuro)

ISBN 978-85-342-3584-6 (aluno) - 978-85-342-3588-4 (professor)

 1. Matemática (Ensino fundamental) - Estudo e ensino.
I. Fernandes, Valter dos Santos. II. Mabelini, Orlando Donisete.
III. Título. IV. Série.

12-8691.
    CDD: 372.72
    CDU: 373.3.016:510

27.11.12   03.12.12   041083

Impressão Leograf - Maio 2024

3ª edição – São Paulo – 2013
Todos os direitos reservados.

Av. Alexandre Mackenzie, 619 – Jaguaré
São Paulo – SP – 05322-000 – Brasil – Tel.: (11) 2799-7799
www.editoraibep.com.br – editoras@ibep-nacional.com.br

SUMÁRIO

CAPÍTULO 1 – NÚMEROS NATURAIS

1. Sequências 4
2. Conjunto dos números naturais (N)..............6
3. Sucessor e antecessor................................6
4. Relação de ordem 8
5. Representação de um número natural na reta numérica 8
6. Sistema de numeração decimal 10

CAPÍTULO 2 – OPERAÇÕES FUNDAMENTAIS COM NÚMEROS NATURAIS

1. Adição..14
2. Subtração 18
3. Multiplicação 24
4. Divisão 31
5. Expressões numéricas 35

CAPÍTULO 3 – POTENCIAÇÃO E RADICIAÇÃO

1. Potenciação 37
2. Radiciação 42

CAPÍTULO 4 – MÚLTIPLOS E DIVISORES DE NÚMEROS NATURAIS

1. Múltiplos..46
2. Divisores..48
3. Critérios de divisibilidade.........................49
4. Números primos 53
5. Máximo divisor comum (mdc) 57
6. Mínimo múltiplo comum (mmc) 64

CAPÍTULO 5 – FRAÇÕES

1. A ideia de fração e sua representação.......68
2. Tipos de frações 70
3. Frações equivalentes................................73
4. Simplificação de frações 74
5. Comparação de frações 75
6. Adição e subtração de frações 76
7. Multiplicação, divisão e potenciação de frações............................78
8. Expressões fracionárias...........................81
9. Problemas com frações 82

CAPÍTULO 6 – NÚMEROS DECIMAIS

1. Frações decimais 87
2. Operações com números decimais............91
3. Dízimas periódicas 97

CAPÍTULO 7 – NOÇÕES DE GEOMETRIA

1. Curvas abertas e curvas fechadas 101
2. Ponto, reta, plano 103
3. Reta, segmento de reta e semirreta.........104
4. Perímetro 105
5. Área 106

CAPÍTULO 8 – MEDIDAS

1. Medidas de comprimento 111
2. Noção de área 113
3. Volume, capacidade e massa 115
4. Medidas de massa..................................118

CAPÍTULO 1 – NÚMEROS NATURAIS

1. Sequências

Sequência é uma lista ordenada de números ou figuras, em que há um padrão que indica como os elementos vão se suceder.

Exemplos
- Sequência dos números naturais:
  0, 1, 2, 3, 4, 5, 6, 7, 8, ...

- Sequência dos números naturais ímpares:
  1, 3, 5, 7, 9, 11, 13, 15, 17, ...

- Sequência das estações do ano:
  Primavera, verão, outono, inverno, primavera, verão, outono, ...

- Sequência dos meses do ano:
  Janeiro, fevereiro, março, abril, maio, junho, julho, agosto, setembro, outubro, novembro, dezembro, janeiro, fevereiro, ...

Esta é uma sequência de figuras.

1. Descubra qual é o próximo elemento de cada sequência.

a)

b)

c)

d)

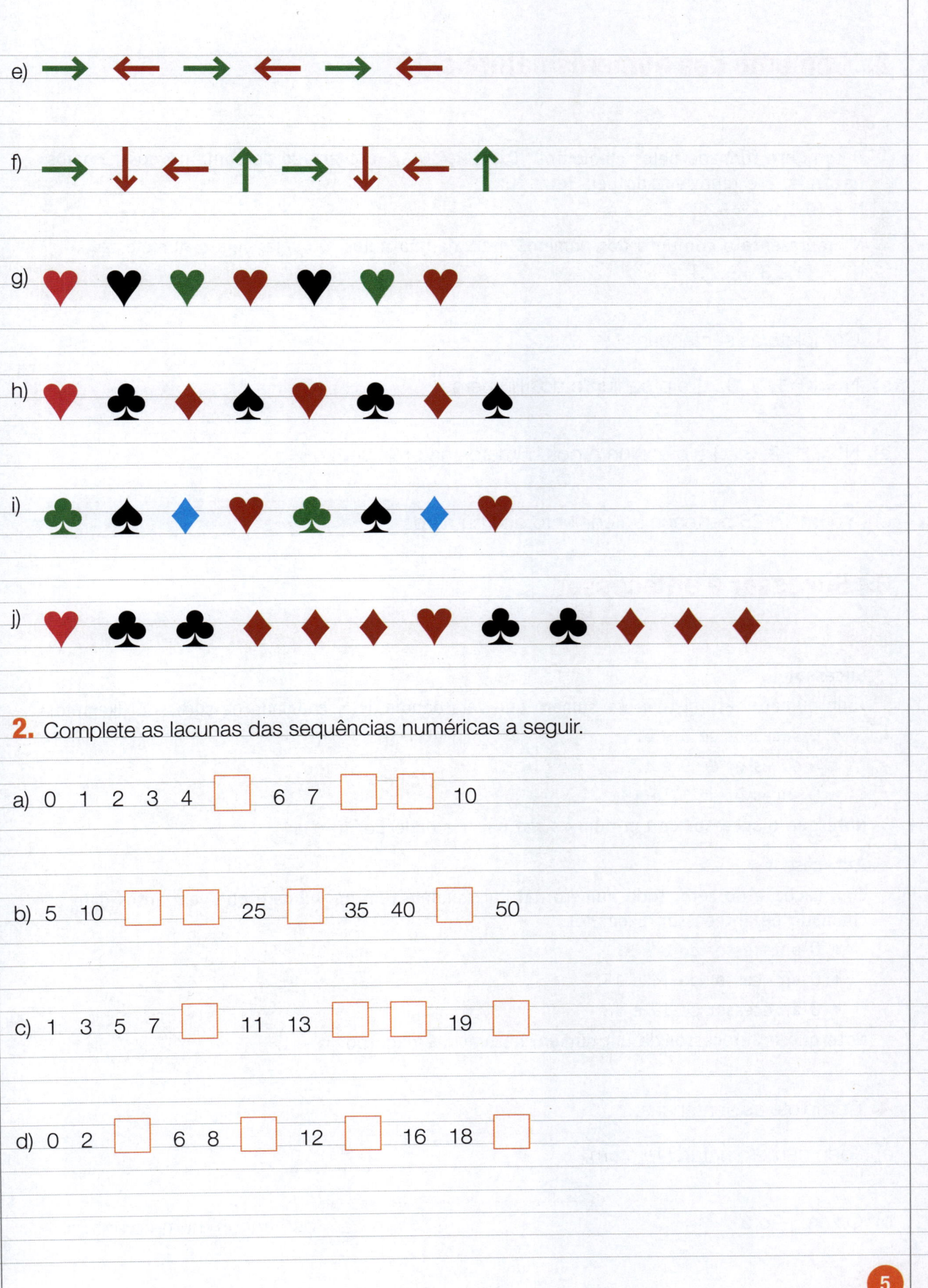

2. Complete as lacunas das sequências numéricas a seguir.

a) 0 1 2 3 4 ☐ 6 7 ☐ ☐ 10

b) 5 10 ☐ ☐ 25 ☐ 35 40 ☐ 50

c) 1 3 5 7 ☐ 11 13 ☐ ☐ 19 ☐

d) 0 2 ☐ 6 8 ☐ 12 ☐ 16 18 ☐

2. Conjunto dos números naturais (N)

O conjunto formado pelos elementos {0,1,2,3,4,5,...} é chamado de conjunto dos números **naturais**, e é representado pela letra **N**.
N = {0,1,2,3,4,5...}

N* representa o conjunto dos números naturais não nulos, ou seja, sem o número zero.
N* = {1,2,3,4,5,...}

3. Complete as sentenças.

a) N = {0, 1, 2, 3,...} é o conjunto dos números _____.

b) N* = {1, 2, 3,...} é o conjunto dos números naturais sem o _____.

c) o número 25 pertence ao conjunto dos números _____.

3. Sucessor e antecessor

Sucessor
Todo número natural tem um número que vem depois dele, chamado de sucessor. Exemplos:
- O sucessor de 5 é 6.
- O sucessor de 9 é 10.
- O sucessor de 17 é 18.

Note que o sucessor de um número natural n é dado por n + 1.

Antecessor
Com exceção do zero, todo número natural também tem um número que vem antes dele, chamado de antecessor. Exemplos:
- O antecessor de 6 é 5.
- O antecessor de 14 é 13.
- O antecessor de 19 é 18.

Note que o antecessor de um número natural n é dado por n − 1.

4. Complete as sentenças.

a) Todo número natural tem um _____.

b) O zero não é _____ de nenhum número natural.

c) O sucessor de 45 é 45 + 1 = ☐.

d) O sucessor de 7 é 7 + ☐ = ☐.

e) O sucessor de 0 é ☐ + ☐ = ☐.

f) O sucessor de ☐ é 12 + 1 = 13.

g) O sucessor de ☐ é 100 + 1 = ☐.

h) Todo número natural, com exceção do zero, tem um ☐.

i) O antecessor de 26 é 26 − 1 = ☐.

j) O antecessor de 88 é 88 − ☐ = ☐.

k) O antecessor de ☐ é 40 − 1 = 39.

l) O antecessor de ☐ é 100 − 1 = ☐.

5. Escreva **V** (verdadeiro) ou **F** (falso).

a) O conjunto N é infinito. ☐

b) O zero pertence ao conjunto N*. ☐

c) O zero é o menor número natural. ☐

d) O sucessor do número 9 é o 10. ☐

e) O antecessor de 4 é o número 3. ☐

f) O antecessor do 0 é o número 1. ☐

g) O zero não possui antecessor. ☐

6. As letras apresentadas nesta atividade representam números naturais. Complete as sentenças com o valor que cada letra representa.

a) Se a é o sucessor de 7, então a = ☐.

b) Se b é o sucessor de 25, então b = ☐.

c) Se n é o sucessor de 0, então n = ☐.

d) Se x é o antecessor de 5, então x = ☐.

e) Se m é o antecessor de 9, então m = ☐.

f) Se p é o sucessor de q e q = 10, então p = ☐.

g) Se s é o sucessor de r e r = 5, então s = ☐.

h) Se i é o antecessor de j e j = 20, então i = ☐.

i) Se p é o antecessor de q e q = 7, então p = ☐.

j) Se b é o sucessor de a, e (a + b) = 15, então os números a e b valem ☐ e ☐.

4. Relação de ordem

A passagem de uma sentença da linguagem comum (escrita) para a linguagem matemática pode ser feita de acordo com os exemplos:

- 7 é maior que 2 (linguagem comum)
  7 > 2 (linguagem matemática)

- 2 é menor que 9 (linguagem comum)
  2 < 9 (linguagem matemática)

- 0 é diferente de 7 (linguagem comum)
  0 ≠ 7 (linguagem matemática)

7. As letras apresentadas nesta atividade representam números naturais. Passe da linguagem comum para a linguagem matemática.

a) 5 é maior que 1: _____.

b) 0 é menor que 3: _____.

c) b é diferente de 7: _____.

d) a é maior que b: _____.

e) 8 é diferente de 9: _____.

f) x + 1 é maior que x: _____.

g) a + b é igual a b + a: _____.

h) 2 é igual a 3 – x: _____.

i) 10 é diferente de 3 + y: _____.

j) x + 1 é igual a 3: _____.

8. Complete com os símbolos > (maior) ou < (menor).

a) 15 ☐ 12

b) 3 ☐ 0

c) 5 ☐ 8

d) 1 ☐ 2

e) 0 ☐ 1

f) 7 ☐ 2

5. Representação de um número natural na reta numérica

9. Faça o que se pede:

a) Complete as lacunas na reta numérica.

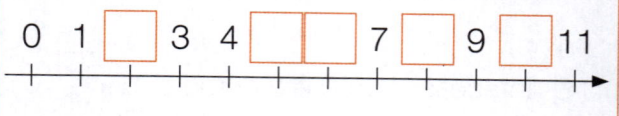

b) Na reta numérica abaixo, o valor de **k** é ☐ e o valor de **p** é ☐.

```
0  1  2  3  4  5  k  7  p  9  10
```

10. Complete as sentenças com as seguintes palavras:

> antecessor   sucessor   maior   menor

a) Na reta numérica, qualquer número é _____ do que aquele que está à sua direita.

b) Na reta numerada, qualquer número a partir do 1 é _____ do que aquele que está à sua esquerda.

c) Na reta numérica, o número à direita de outro é seu _____.

d) Na reta numérica, o número à esquerda de outro é seu _____.

6. Sistema de numeração decimal

No sistema de numeração decimal, os algarismos 0, 1, 2, 3, 4, 5, 6, 7, 8 e 9 são utilizados para representar qualquer quantidade. Por exemplo: 514 209.

Nesse sistema, a ordem de qualquer algarismo situado à esquerda de outro tem um valor dez vezes maior.

Ordens e classe

As casas das unidades, dezenas e centenas chamam-se **ordens**, e a cada três ordens, da direita para a esquerda, tem-se uma **classe**, como mostra o quadro.

Classe dos milhões			Classe dos milhares			Classe das unidades		
9ª ordem	8ª ordem	7ª ordem	6ª ordem	5ª ordem	4ª ordem	3ª ordem	2ª ordem	1ª ordem
C	D	U	C	D	U	C	D	U
4	5	7	2	1	0	4	2	3

11. Complete:

a) 23 = 20 + ☐

b) 78 = ☐ + 8

c) 127 = 100 + ☐ + 7

d) 408 = 400 + 0 + ☐

e) 1 374 = 1 000 + ☐ + ☐ + ☐

f) 2 052 = 2 000 + ☐ + 50 + ☐

12. Escreva as ordens, conforme o exemplo:

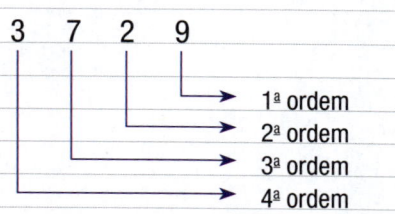

3 7 2 9
→ 1ª ordem
→ 2ª ordem
→ 3ª ordem
→ 4ª ordem

a) 7 0 9 3

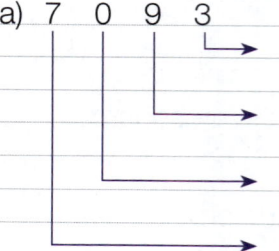

b) 3 4 5 6 7 9

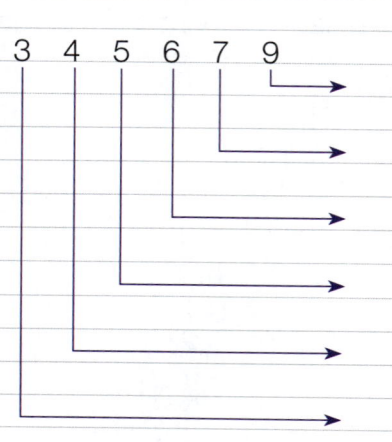

13. O número 925.427.632 lê-se:

novecentos e vinte e _____ milhões, quatrocentos e _____ mil e seiscentas e trinta e duas unidades.

14. Em 8.726:

- o 6 ocupa a 1ª ordem e a classe das _____

- o 2 ocupa a 2ª _____ e a classe das _____

- o 7 ocupa a _____ e a classe das _____

- o 8 ocupa a _____ e a classe dos _____

- O número 8.726 lê-se:

15. Escreva os números abaixo na linguagem comum.

a) 3 042:

b) 15 789:

c) 752 520:

d) 8 375 600:

e) 5 732 856 791:

Valor absoluto e valor relativo de um número

> • **Valor absoluto** de um algarismo não depende da sua posição no número, é o valor que ele representa quando considerado sozinho.
>
> • **Valor relativo** de um algarismo depende da sua posição no número, é o valor que representa conforme a sua posição. Corresponde a seu valor posicional.

16. No número 758 319, temos:

a) O valor absoluto do algarismo 1 é ☐.

b) O valor relativo do algarismo 1 é ☐.

c) O valor absoluto do algarismo 9 é ☐.

d) O valor relativo do algarismo ☐ é 9.

e) O valor relativo do algarismo ☐ é 8 000.

f) O valor ☐ do algarismo 7 é 700 000.

g) O valor ☐ do algarismo 3 é 300.

h) O valor relativo do algarismo 5 é ☐.

17. Complete as lacunas.

a) Em 1 468 o algarismo que ocupa a 3ª ordem é o ☐.

b) Em 13 456 a ordem do algarismo 4 tem valor dez vezes maior do que a ordem do algarismo ☐.

c) Em 68 315 a ordem do algarismo 8 tem valor dez vezes menor do que a ordem do algarismo ☐.

d) Em 8 365 o algarismo que tem o valor absoluto igual ao valor relativo é o ☐.

18. No número 7 025 438:

a) O valor relativo de 7 é ☐.

b) O valor relativo de 5 é ☐.

c) O valor relativo de 2 é ☐.

d) O valor absoluto do algarismo 7 é ☐.

e) O valor ☐ do algarismo 4 é 400.

19. Observe o exemplo:

> 7 802 = 7 000 + 800 + 0 + 2

Decomponha os seguintes números:

20 151

130 789

990 009

1 151 000

9 001

CAPÍTULO 2 – OPERAÇÕES FUNDAMENTAIS COM NÚMEROS NATURAIS

1. Adição

Ideias associadas à adição: juntar quantidades e acrescentar uma quantidade a outra.

Seus elementos são chamados de soma e parcela.

```
    5   ← parcela
  + 4   ← parcela
    9   ← soma
```

1. Na operação 2 + 7 = 9, responda:

a) Qual é o nome da operação?

b) Como se chamam os números 2 e 7?

c) Como se chama o resultado da operação adição?

2. Complete as sentenças.

a) Na operação 9 + 1 = ☐ os números ☐ e ☐ chamam-se ☐ e o número 10 chama-se ☐.

b) Na operação 10 + 3 = ☐, os números ☐ e ☐ chamam-se ☐ e ☐ chama-se soma.

c) Em a + b = c, a operação chama-se ☐ e o resultado é chamado de ☐.

d) Em 5 + 8 = ☐, o número ☐ é chamado soma e a operação chama-se ☐.

e) Em 7 + ☐ = 10, a operação chama-se ☐.

f) Em 4 ☐ 7 = ☐, as parcelas são os números ☐ e ☐, a soma é o número ☐ e a operação chama-se ☐, indicada pelo sinal ☐.

3. Complete as lacunas com o número que torna as igualdades verdadeiras.

a) 3 + 2 = ☐

b) 5 + ☐ = 8

c) ☐ + 1 = 10

d) 15 + 5 = ☐

e) 5 + 0 = ☐

f) 19 + ☐ = 29

g) 12 + 33 = ☐

h) 36 + ☐ = 50

i) 15 + ☐ = 30

j) ☐ + 3 = 20

k) 0 + ☐ = 5

l) 12 + ☐ = 17

m) 38 + ☐ = 50

n) 50 + ☐ = 100

o) 60 + ☐ = 90

p) 99 + ☐ = 100

4. Para a igualdade 5 + 4 = 9, determine se as afirmações abaixo são verdadeiras (V) ou falsas (F).

a) Os números 5 e 4 são chamados de parcelas. ☐

b) O número 9 é chamado de adição. ☐

c) O número 9 chama-se soma. ☐

d) A operação chama-se soma. ☐

e) Adição é o nome da operação. ☐

f) O sinal que indica a adição é ×. ☐

Propriedades da adição

Comutativa: A ordem das parcelas não altera a soma.
Exemplo: 3 + 2 = 2 + 3

Elemento neutro: O zero é o elemento neutro da adição.
Exemplo: 5 + 0 = 5

Associativa: Na adição de três ou mais números naturais, pode-se associar suas parcelas que o resultado não se alterará.
Exemplo: (4 + 2) + 1 = 4 + (2 + 1)

Fechamento: Na adição de dois ou mais números naturais o valor da soma será sempre um número natural.

5. Complete as sentenças abaixo.

a) A ordem das parcelas não altera a _____.

b) Na adição de números naturais valem as propriedades associativa, _____, de fechamento e de elemento neutro.

c) O zero somado a um número não _____ esse número.

d) Na adição o zero é o elemento _____.

6. Complete as sentenças abaixo de modo que as igualdades sejam verdadeiras.

a) (4 + 3) + 2 = ☐

b) 4 + (3 + 2) = ☐

c) (4 + 3) + 2 ☐ 4 + (3 + 2)

d) 9 + 12 ☐ 12 + 9

e) 24 + 0 ☐ 0 + 24

f) (34 + 0) + 2 = ☐

7. Com base na propriedade comutativa da adição, complete as igualdades.

a) 9 + 1 = ☐ + 9

b) 3 + 6 = 6 + ☐

c) 10 + 3 = ☐ + ☐

d) 5 + 7 = ☐ + ☐

e) 2 + 8 = ☐ + ☐

f) 4 + ☐ = 1 + 4

g) 3 + ☐ = a + ☐

8. Com base na propriedade associativa da adição, complete as igualdades.

a) 5 + (2 + 3) = (☐ + 2) + 3

b) 7 + (6 + 4) = (7 + 6) + ☐

c) 2 + (☐ + 5) = (☐ + 1) + 5

d) 8 + (9 + ☐) = (☐ + 9) + 3

e) ☐ + (2 + 1) = (5 + ☐) + ☐

f) a + (b + c) = (☐ + ☐) + c

g) (5 + 3) + 7 = 5 + (☐ + ☐)

h) m + (n + 3) = (☐ + ☐) + ☐

9. Indique com **C** a propriedade comutativa, com **A** a propriedade associativa, com **E** a propriedade de elemento neutro e com **F** a propriedade de fechamento.

a) ☐ Na adição de três números naturais, podemos agrupar as duas primeiras ou as duas últimas parcelas.

b) ☐ O zero adicionado a um número em qualquer ordem não altera esse número.

16

c) ☐ A ordem das parcelas não altera a soma.

d) ☐ Na adição de cinco números naturais o valor da soma será um número natural.

10. As letras nesta atividade representam números naturais. Complete com o valor de cada letra.

a) Se x + 4 = 7, então o valor de x é ☐.

b) Se 5 + 9 = a, então o valor de a é ☐.

11. Complete as lacunas das sentenças.

a) Na igualdade 3 + 7 = 10, o número 10 é chamado de _____.

b) Na igualdade 3 + 5 = 5 + 3, foi aplicada a propriedade _____.

c) Em 5 + 3 = 8, se adicionarmos 2 a uma das parcelas, o valor da nova soma será igual a ☐.

d) Em 3 + 4 = 7, se adicionarmos 2 a uma das parcelas e 3 a outra, o valor da nova soma será igual a ☐.

e) O elemento neutro da adição é o número _____.

12. Complete as adições.

a)
```
    4 7 3
    3 ☐
  ☐ 8 2
+ 2 ☐ 7
-------
  1 0 3 3
```

b)
```
    8 ☐ 3 ☐
  + ☐ 5 ☐ 2
  ---------
    1 8 2 5 5
```

c)
```
    9 ☐ 3 ☐ 1 ☐ 9
  + ☐ 9 7 8 ☐ 7 ☐
  -----------------
    1 9 5 1 0 6 1 1
```

d)
```
    ☐ 6 ☐ 3 ☐ 8
  + 9 5 4 ☐ 3 ☐
  ---------------
    1 7 1 9 5 5 2
```

e)
```
    3 7
    8 ☐
  + 4 5
    ☐ 2
  -----
    1 8 5
```

f)
```
    6 3 2 ☐
  + 4 ☐ 8 5
  ---------
    1 1 0 0 6
```

g) 9 ☐ 1 ☐ 8 ☐
  + ☐ 8 3 4 ☐ 7
    1 9 5 5 3 0 8

h) 5 ☐ 2 ☐ 7
  + ☐ 7 9 2 ☐
    1 0 9 2 1 0

i) 3 7 8 1
  + 1 ☐ 3 ☐
    5 6 2 0

j) 6 ☐ 3 ☐
  + ☐ 5 8 6
    1 0 3 1 8

k)   8 ☐ 3
      ☐ 3 ☐
    + 7 8 5
    1 9 4 3

l) 3 ☐ 7 ☐ 8
  + ☐ 2 8 5 ☐
    5 6 5 7 7

m) 1 ☐ 2 ☐ 3
  + ☐ 8 ☐ 7 ☐
    5 3 4 0 0

n) 6 3   1 0
  + ☐ 2 3 ☐ ☐
    1 4 5 4 8 3

2. Subtração

Ideias associadas à subtração: tirar uma quantidade de outra, comparar quantidades e completar quantidades.
É a operação inversa da adição. Seus elementos são chamados minuendo, subtraendo e diferença.

  10   minuendo
− 6   subtraendo
   4   diferença ou resto

13. Na operação 17 − 6 = 11, responda:

a) Qual é o nome da operação?
☐

b) Como é chamado o número 17?
☐

c) Como é chamado número 6?
☐

d) Como é chamado o resultado da operação de subtração?
☐

14. Complete as lacunas com o número ou o sinal que torna as igualdades verdadeiras.

a) 22 − 12 = ☐

b) 35 − ☐ = 15

c) 57 ☐ 1 = 56

d) 3 − 3 = ☐

e) ☐ − 40 = 4

f) 20 ☐ 17 = 3

g) 15 − 14 = ☐

h) ☐ − 1 = 4

15. Complete as sentenças.

a) Em 15 − 2 = 13, o número ☐ é chamado de minuendo, o número ☐ de subtraendo e o ☐ é a diferença.

b) Na subtração ☐ − 3 = 9, o número 12 é chamado de ☐, o 3 é o ☐ e o 9 é a ☐.

c) Em 10 − 8 = ☐, o 10 é o ☐, o ☐ é o ☐ e o 2 é a ☐.

d) Na operação 8 − 3 = ☐, o número 5 é a diferença, o 8 é o ☐ e o ☐ é o subtraendo.

e) Em a − b = d, a operação chama-se ☐ e o resultado chama-se ☐.

16. Para a igualdade 5 − 4 = 1, determine se as afirmações abaixo são verdadeiras (V) ou falsas (F).

a) Os números 5 e 4 são chamados de subtração. ☐

b) O número 1 é chamado de diferença. ☐

c) O número 5 chama-se minuendo. ☐

d) A operação chama-se adição. ☐

e) Subtração é o nome da operação. ☐

f) O sinal que indica a subtração é ×. ☐

g) O número 4 é chamado de subtraendo. ☐

17. Associe a coluna da esquerda com a coluna da direita.

a) parcelas e soma ☐ subtração

b) minuendo, subtraendo e diferença ☐ adição

19

18. Complete as sentenças. Apresente a conta ou descreva o raciocínio que você utilizou:

a) Numa subtração, o subtraendo é 7 e a diferença é 10. Então, o minuendo é o número _____.

b) A diferença entre dois números é 1 e o minuendo é 9. Então, o subtraendo é o número _____.

c) Se a diferença é zero e o subtraendo é 10, então o minuendo é o número _____.

d) Se o minuendo é 180 e o subtraendo é 10, o valor da diferença é _____.

e) A diferença é 7 e o subtraendo é 9. Então, o valor do minuendo é _____.

f) Se o minuendo, o subtraendo e a diferença são iguais, o valor dos três corresponde ao número _____.

g) Dois números somam 30 e um deles é 8. Então, o valor do outro corresponde ao número _____.

h) Três números somam 80. Dois entre eles somam 52 e um desses é 18. Então, os números são: _____

i) De um rolo de corda de 40 m, foram utilizados na primeira vez 6 m e na segunda vez 10 m a mais que na primeira. Então restam _____ m.

j) Três irmãos recebem mensalmente a seguinte quantia: o primeiro R$ 6 000,00, o segundo R$ 1 000,00 a mais que o primeiro e o terceiro R$ 2 000,00 a mais que o segundo. Então, os três juntos recebem mensalmente _____

20

Propriedades da subtração

Comutativa: A propriedade comutativa não é válida na subtração, pois a ordem dos seus elementos altera o resultado.
Exemplo: 8 – 5 ≠ 5 – 8

Associativa: Na subtração não vale a propriedade associativa, pois ao associar seus elementos de maneiras distintas o resultado se altera.
Exemplo: 7 – (3 – 2) ≠ (7 – 3) – 2

Fechamento: A subtração de dois números naturais nem sempre resulta um número natural, ou seja, a subtração não é fechada para os naturais.
Exemplo: o resultado de 7 – 10 não pertence ao conjunto dos números naturais.

Elemento neutro: Na subtração não existe elemento neutro.
Exemplo: 5 – 0 ≠ 0 – 5

19. Complete as lacunas de modo que as igualdades sejam verdadeiras.

a) 7 – 2 = ☐

b) Se 7 – 2 ≠ 2 – 7, então, na subtração não vale a propriedade ☐.

c) 8 – 0 = ☐

d) Se 8 – 0 ≠ 0 – 8, então, a subtração não possui elemento ☐.

e) (7 – 3) – 2 = 4 – 2 = ☐

f) 7 – (3 – 2) = 7 – 1 = ☐

g) Se (7 – 3) – 2 ≠ 7 – (3 – 2), então, na subtração não vale a propriedade ☐.

h) A subtração não possui as propriedades: comutativa, ☐, de fechamento e de ☐.

20. Determine se as afirmações abaixo são verdadeiras (V) ou falsas (F).

a) Na subtração vale a propriedade associativa. ☐

b) Na subtração não vale a propriedade comutativa. ☐

c) O zero é o elemento neutro da subtração. ☐

d) 5 – 0 é igual a 0 – 5. ☐

e) Na subtração vale a propriedade de fechamento. ☐

f) A subtração não possui elemento neutro. ☐

21. Complete as subtrações.

a) 4 5 3 2
   − 1 2 3 0
   ☐ ☐ ☐ ☐

b) 9 7 8 1 9
   − 7 3 2 1 4
   ☐ ☐ ☐ ☐ ☐

c) ☐ ☐ ☐ ☐
   − 1 9 8 4
     5 3 4 1

d) 9 8 0 0
   − ☐ ☐ ☐ ☐
     2 4 2 1

e) 7 3 2 4 5
   − 6 0 6 8 4
   ☐ ☐ ☐ ☐ ☐

f) ☐ ☐ ☐ ☐
   − 5 3 9 1
       9 2 9

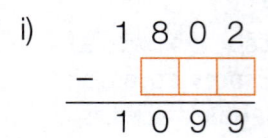

g) 6 3 1 0 3
   − ☐ ☐ ☐ ☐ ☐
     0 9 9 0 4

h) ☐ ☐ ☐ ☐
   − 3 0 0 2
     1 9 9 9

i) 1 8 0 2
   − ☐ ☐ ☐ ☐
     1 0 9 9

j) 1 3 2 1 4
   −   3 7 8 2
   ☐ ☐ ☐ ☐ ☐

k) ☐ ☐ ☐ ☐
   − 5 7 8 9
       5 8 9

l) 3 2 0 4
   − ☐ ☐ ☐ ☐
       2 0 3

m) 1 7 8 2 1
   − ☐ ☐ ☐ ☐
     1 0 5 1 2

22. Nestas subtrações, cada letra representa um mesmo número natural. Determine os valores de A, B, C em cada item.

a)
```
   A A A
 - C B 2
 -------
   1 3 7
```

b)
```
   C B 0
 - B 3 A
 -------
   1 5 0
```

c)
```
   A B C
 - 7 C 3
 -------
   2 1 3
```

23. Observe os exemplos e resolva as expressões a seguir.

Exemplo A:
50 + 2 − 10 =
= 52 − 10 = 42

Exemplo B:
5 + (8 − 2) =
= 5 + 6 = 11

Exemplo C:
5 + {10 + [13 − (8 + 2)]}
5 + {10 + [13 − 10]}
5 + {10 + 3}
5 + 13 = 18

a) 7 − (3 − 1) =

b) (12 − 5) + 4 =

c) 10 − (7 + 1) =

d) 11 + 3 − (2 + 5) =

e) (20 − 1) + (13 − 3) =

f) (3 + 5) − (12 − 4) =

g) 1 + [3 + (4 − 1)] =

h) 3 − [5 − (3 + 2)] =

i) 7 + [12 + (3 + 10) − 20] =

j) 2 + [8 − (5 + 1) + 3] =

k) 5 + (7 + 3) − 10 =

l) 13 − (8 − 1) + 2 =

m) (6 + 3) − (5 + 3) =

n) 7 − (5 − 2) + 3 =

o) 8 + [4 + (5 − 1) − 2] =

p) 5 + {10 − [8 − (4 + 3)]} =

q) {4 + [2 − (3 − 2)] + 7} =

r) {3 + [5 − (2 + 1) + 7]} =

s) 4 + [12 − (2 + 5) + 9] =

3. Multiplicação

A operação de multiplicação consiste em uma adição de parcelas iguais.

Seus elementos são chamados de multiplicador, multiplicando e produto.

$\underbrace{3 + 3 + 3 + 3 + 3 + 3}_{6 \text{ vezes}} = 18$ ou $6 \cdot 3 = 18$.

$$\begin{array}{r} 6 \leftarrow \text{multiplicando} \\ \times\ 3 \leftarrow \text{multiplicador} \\ \hline 18 \leftarrow \text{produto} \end{array}$$

24. Na operação 4 × 7 = 28, responda:

a) Como é chamado o número 4?

b) Como é chamado o número 7?

c) Como é chamado o número 28?

25. Complete as sentenças com as palavras do quadro abaixo.

> multiplicador - multiplicando
> produto - multiplicação

a) Na multiplicação 3 · 7 = 21, os números 3 e 7 são chamados de multiplicando e _____ e o 28 é chamado de _____ .

b) Em 5 · 3 = 15, os números 5 e 3 são chamados de _____ e multiplicador, e o número 15 é o _____.

c) Em 10 · 2 = 20, a operação chama-se _____.

d) Em 8 · 3 = 24, os números 8 e 3 são chamados multiplicando e _____ e o número 24 é o _____.

26. Complete o quadro a seguir.

×	0	1	5	7	8	9
0	0	0	0	0	0	0
1	0	1	5			9
2	0	2		14		
3	0	3				
4	0	4	20			36
5	0	5	25			
6	0	6	30			
7	0	7				63
8	0	8				
9	0	9				

> Para obter o resultado da multiplicação de 6 912 por 9 basta multiplicar o número 9 por cada algarismo que forma o número 6 912.
>
> ```
>   6 9 1 2
> ×       9
> ---------
> 6 2 2 0 8
> ```

27. Desenvolva as multiplicações a seguir.

a)
```
  4 3 7 2
×       2
```

b)
```
  1 2 3 4
×     2 5
```

c)
```
  9 1 2 3
×     7 4
```

d) 2 0 1 5 6
          × 8
    ———————

e) 8 2 3 4 6
      × 1 2 7
    ———————

28. Associe os elementos apresentados na coluna da esquerda com sua respectiva operação, apresentada na coluna da direita.

a) parcelas e soma   ☐ adição

b) minuendo e subtraendo   ☐ multiplicação

c) produto e multiplicador   ☐ subtração

29. Para a igualdade 7 × 4 = 28, determine se as afirmações abaixo são verdadeiras (V) ou falsas (F).

a) 7 é o minuendo e 4 o subtraendo. ☐

b) O número 4 é o multiplicador. ☐

c) O número 28 é a diferença. ☐

d) A operação chama-se diferença. ☐

e) A operação chama-se multiplicação. ☐

f) O número 7 é o multiplicando. ☐

g) O número 28 é o produto. ☐

Propriedades da multiplicação

Comutativa: Na multiplicação de dois ou mais números naturais, a ordem dos fatores não altera o produto.
Exemplo: 3 · 2 = 2 · 3

Elemento neutro: O número 1 é o elemento neutro da multiplicação.
Exemplo: 5 · 1 = 1 · 5 = 5

Associativa: Na multiplicação de três ou mais números naturais, pode-se associá-los de modos diferentes, que o resultado não se altera.
Exemplo: (4 · 2) · 1 = 4 · (2 · 1)

Distributiva:
3 (2 + 5) = 3 · 2 + 3 · 5 = 6 + 15 = 21

Fechamento: Na multiplicação de dois ou mais números naturais o produto será sempre um número natural.

30. De acordo com a propriedade comutativa da multiplicação, complete as lacunas abaixo de modo que as igualdades tornem-se verdadeiras:

a) 3 · 2 = 2 · ☐

b) 7 · 8 = ☐ · 7

c) 4 · 5 = ☐ · ☐

d) a · b = ☐ · ☐

e) 8 · ☐ = 9 · ☐

f) 5 · a = ☐ · ☐

g) 7 · 2 = ☐ · ☐

h) ☐ · ☐ = 4 · 3

31. De acordo com a propriedade associativa da multiplicação, complete as lacunas de modo que as igualdades se tornem verdadeiras.

a) 3 (4 · 8) = (3 · ☐) 8

b) 5 (3 · 9) = (5 · ☐) ☐

c) 8 (2 · 1) = (8 · ☐) ☐

d) 6 (5 · 3) = (6 · ☐) ☐

e) a (b · ☐) = (a · ☐) c

f) 9 (a · n) = (☐ · a) ☐

g) 7 (2 · 3) = (☐ · ☐) ☐

h) m (n · p) = (☐ · ☐) ☐

32. De acordo com a propriedade distributiva da multiplicação, complete as lacunas de modo que as igualdades se tornem verdadeiras.

a) 5 (8 + 2) = 5 · ☐ + 5 · 2

b) 9 (6 + 3) = 9 · ☐ + 9 · ☐

c) 4 (8 + 3) = ☐ · 8 + ☐ · 3

d) 3 (2 + 7) = ☐ · ☐ + ☐ · ☐

e) 5 (a + b) = 5 · a + 5 · ☐

33. Quanto aumenta ou diminui o valor do produto 35 × 82 se:

a) Acrescentarmos 1 ao 35?

b) Acrescentarmos 2 ao 35?

c) Acrescentarmos 3 ao 82?

d) Subtrairmos 1 do 35?

e) Subtrairmos 1 do 82?

34. Apresente a solução dos problemas a seguir e explique os procedimentos que você utilizou.

a) Quero multiplicar 25 por 3. Quanto devo acrescentar ao 25 para obter o mesmo resultado? ☐

b) Quanto devo acrescentar ao 12 para obter um resultado igual ao produto de 5 × 12? ☐

c) Sabendo que uma caixa de leite contém 12 unidades, quantas caixas devo comprar para obter 60 unidades? ☐

35. Neste exercício, as letras representam números naturais. Complete as lacunas de modo que as sentenças sejam verdadeiras.

a) Em k · b = b · k, a propriedade da multiplicação aplicada é a ☐.

b) Em uma multiplicação com dois números naturais, se um deles é 0, o valor do produto sempre será ☐.

c) O elemento neutro da multiplicação é o número ☐.

d) Se 3 · x = 3, então o valor de x é ☐.

e) Se 5 · x = 0, então o valor de x é ☐.

f) Se x · 2 = 10, então o valor de x é ☐.

g) Na expressão 2 · (3 + x) = 2 · 3 + 2 · x, foi aplicada a propriedade ☐.

h) O resultado da expressão 5 × 0 × 3 × 2 é ☐.

i) A expressão 5 · (a + b) é equivalente à expressão 5a + ☐.

Problemas com números naturais

36. O triplo de 4 é 3 × 4 ou 12.
A partir desse exemplo, complete as lacunas das sentenças a seguir (as letras a tividade representam números naturais).

a) O dobro de 7 é 2 · 7 ou ☐.

b) O dobro de 5 é ☐ · ☐ ou 10.

c) O dobro de 3 é 2 · 3 ou ☐.

d) O dobro de 4 é ☐ · ☐ ou ☐.

e) O dobro de x é ☐.

f) O triplo de 5 é 3 · 5 ou ☐.

g) O triplo de 4 é ☐ · ☐ ou 12.

h) O triplo de 2 é ☐ · ☐ ou ☐.

i) O triplo de x é ☐.

j) O quádruplo de 5 é 4 · 5 ou ☐.

k) O quádruplo de 2 é ☐ · ☐ ou ☐.

l) O quádruplo de x é ☐.

m) O dobro de a é ☐.

n) O triplo de b é ☐.

o) O quádruplo de c é ☐.

37. Associe a coluna da esquerda com a da direita.

a) O dobro de um número.   ☐ 3x
b) O triplo de um número.   ☐ 2x
c) O quádruplo de um número. ☐ x + 5
d) Um número mais cinco unidades. ☐ 4x

> Na linguagem comum dizemos, por exemplo, que o dobro de um número mais três unidades é igual a treze. Já na linguagem matemática, podemos escrever essa mesma afirmação da seguinte forma:
>
> 2 · x + 3 = 13.

38. Passe da linguagem comum para a linguagem matemática.

a) O triplo de um número mais duas unidades é igual a 11.

☐

b) O dobro de um número mais sete unidades é igual a 17.

c) O dobro de um número menos cinco unidades é igual a 3.

d) O quádruplo de um número mais uma unidade é igual a 9.

e) Um número mais duas unidades é igual a 5.

f) O dobro de um número mais o seu triplo é igual a 10.

g) Um décimo de 200.

h) A sétima parte de um número mais seu triplo.

Cálculo de um número desconhecido

O dobro de um número é igual a 10. Que número é esse?
Na linguagem matemática podemos escrever essa sentença da seguinte maneira: Se $2 \cdot x = 10$, quanto vale x?
Vamos determinar o valor de x.
$2 \cdot x = 10$
$x = 10 \div 2$
$x = 5$
Resposta: O número procurado é 5.

39. Por meio da linguagem matemática, resolva os problemas.

a) O dobro de um número é 24. Qual é esse número?

b) O triplo de um número é 15. Determine esse número.

c) O dobro da idade de uma pessoa é 20 anos. Quantos anos ela tem?

d) O triplo de uma quantia é R$ 60,00. Qual é essa quantia?

> Um número mais o seu triplo é igual a 40. Qual é esse número?
> Em linguagem matemática:
> Se x + 3x = 40, qual o valor de x?
> Vamos determinar o valor de x.
> 3x + x = 40
> 4x = 40
> x = 40 ÷ 4 ou x = 10
> Resposta: o número é 10.

40. Por meio da linguagem matemática, resolva os problemas.

a) Um número mais o seu triplo é igual a 20. Qual é esse número?

b) Um número mais o seu triplo é 28. Qual é esse número?

c) Determine um número sabendo que o seu dobro mais o próprio número é igual a 12.

d) O quádruplo de um número menos o dobro desse número é 32. Determine esse número.

e) Qual é o número cujo dobro mais o seu triplo é igual a 60?

f) A diferença entre o triplo de um número e o seu dobro é 4. Determine esse número.

4. Divisão

> A divisão é a operação inversa da multiplicação. Determina quantas vezes uma quantidade está contida em outra.
> Os elementos da multiplicação são chamados de divisor, dividendo, quociente e resto.
>
> dividendo → 32 | 5 ← divisor
> resto → 2   6 ← quociente
>
> **Divisão por zero**
> Não se define divisão de um número por zero, ou seja, a divisão por zero é impossível.

41. Na operação 28 ÷ 4 = 7, responda:

a) Como é chamado o número 28?

b) Como é chamado o número 4?

c) Como é chamado o número 7?

42. Complete as sentenças, de modo que sejam verdadeiras.

a) Na divisão 32 ÷ 4 = 8, o número 32 é o dividendo, 4 é o divisor e ▢ é o quociente.

b) Em 10 ÷ 5 = 2, o número ▢ é o dividendo, 5 é o ▢ e 2 é o quociente.

c) Em 12 ÷ 3 = 4, o número ▢ é o dividendo, ▢ é o ▢ e 4 é o ▢.

d) Em 20 ÷ 5 = ▢, o número 20 é o ▢, 5 é o divisor e 4 é o ▢.

e) Em 24 ÷ ▢ = 8, o número ▢ é o dividendo, ▢ é o divisor e ▢ é o ▢.

f) Na divisão 18 ÷ ▢ = 6, o número ▢ é o dividendo, 3 é o ▢ e 6 é o ▢.

43. Determine o valor do quociente **q** e do resto **r** das divisões abaixo, como mostra o exemplo.

10 ÷ 7   10 | 7   q = 1   r = 3
           3   1

a) 8 ÷ 3   q = ▢   r = ▢

b) 15 ÷ 4   q = ▢   r = ▢

c) 17 ÷ 3   q = ▢   r = ▢

d) 20 ÷ 6   q = ▢   r = ▢

e) 18 ÷ 7   q = ▢   r = ▢

f) 7 ÷ 6   q = ▢   r = ▢

g) 18 ÷ 4   q = ▢   r = ▢

h) 5 ÷ 3   q = ▢   r = ▢

i) 16 ÷ 5   q = ▢   r = ▢

j) $13 \div 10$ q = ☐   r = ☐

k) $6 \div 4$ q = ☐   r = ☐

l) $15 \div 13$ q = ☐   r = ☐

m) $25 \div 21$ q = ☐   r = ☐

n) $31 \div 30$ q = ☐   r = ☐

44. Complete.

a) $\begin{array}{r|l} 17 & 3 \\ 2 & 5 \end{array}$ → $17 = 5 \cdot 3 +$ ☐

b) $\begin{array}{r|l} 18 & 5 \\ 3 & 3 \end{array}$ → $18 = 3 \cdot$ ☐ $+$ ☐

c) $\begin{array}{r|l} 12 & 5 \\ 2 & 2 \end{array}$ → ☐ $= 2 \cdot$ ☐ $+$ ☐

d) $\begin{array}{r|l} 19 & 4 \\ 3 & 4 \end{array}$ → ☐ $=$ ☐ $\cdot$ ☐ $+$ ☐

e) $\begin{array}{r|l} 39 & 9 \\ 3 & 4 \end{array}$ → ☐ $=$ ☐ $\cdot$ ☐ $+$ ☐

f) $\begin{array}{r|l} 68 & 7 \\ 5 & 9 \end{array}$ → ☐ $=$ ☐ $\cdot$ ☐ $+$ ☐

g) $\begin{array}{r|l} D & d \\ r & q \end{array}$ → ☐ $=$ ☐ $\cdot$ ☐ $+ r$ $(d \neq 0)$

45. Complete a tabela.

Dividendo	Divisor	Quociente	Resto
36	5	7	
	4	7	1
12	5	2	
72	6	12	
	9	7	3
10		3	1
18	7		4
	2	50	0
	9	4	1
	13	13	0
	10	10	5
24	18		6

46. Complete as operações de modo que as igualdades se tornem verdadeiras.

a) $0 \div 5 =$ ☐

b) $7 \div$ ☐ $= 1$

c) $0 \div 9 =$ ☐

d) ☐ $\div 1 = 12$

e) ☐ $\div 1 = 9$

f) $0 \div 3 =$ ☐

g) ☐ $\div 8 = 1$

33

47. Complete as divisões com os elementos que faltam.

a) 40⌊35
     5

b) 82⌊40
     2

c) 305⌊3
   005

d)   ⌊5
    2 8

e) 175⌊2
      87

f) 302⌊2

g) 7⌊3
    2

h) 35⌊12

i) 482⌊3

j) 3004⌊3

k) 8006⌊7

l) 372⌊372

48. Com base na igualdade 15 ÷ 3 = 5, verifique se as afirmações são verdadeiras (V) ou falsas (F).

a) O número 15 é o dividendo e 3 é o divisor. ☐

b) Divisão é o nome da operação. ☐

c) O número 5 é a divisão. ☐

d) Essa igualdade é equivalente a 5 · 3 = 15. ☐

e) O número 5 é o quociente. ☐

f) Quociente é o resultado da divisão. ☐

g) A divisão é a operação inversa da multiplicação. ☐

49. Assinale com **V** as afirmações verdadeiras e com **F** as falsas.

a) O divisor não pode ser nulo (zero). ☐

b) O dividendo não pode ser nulo (zero). ☐

c) Se o divisor for 1, o quociente é igual ao dividendo. ☐

d) O resultado da divisão de um número dividido por ele mesmo é sempre 1. ☐

e) 0 ÷ 5 = 0 ☐

f) $7 \div 7 = 0$ ☐

g) $8 \div 0$ é impossível. ☐

h) $6 \div 6 = 1$ ☐

i) $0 \div 6 = 6$ ☐

j) $4 \div 4 = 1$ ☐

5. Expressões numéricas

> Numa expressão numérica em que aparecem as quatro operações, faz-se primeiro as multiplicações e divisões, depois as adições e as subtrações.
> $5 + 2 \times 3 + 10 \div 2 - 3 + 8 \div 2 =$
> $= 5 + 6 + 5 - 3 + 4 =$
> $= 16 - 3 + 4 =$
> $= 13 + 4 = 17$

50. Determine as soluções das expressões numéricas.

a) $5 + 3 \times 2 =$

b) $18 \div 2 - 6 =$

c) $10 - 8 + 5 \times 3 + 20 \div 2 =$

d) $16 + 4 \times 2 - 2 - 2 \div 2 =$

e) $10 + 5 \times 3 + 15 + 6 \div 2 =$

f) $14 \div 2 + 7 \times 2 - 2 + 5 =$

g) $18 + 20 - 3 \times 2 + 20 \div 5 =$

h) $3 \times 5 + 10 - 2 \times 3 + 6 \div 2 =$

i) $30 \div 2 \div 5 + 10 \times 2 - 20 =$

j) $9 + 10 \times 3 - 8 \div 2 + 6 \div 3 - 2 =$

k) $2 + 5 - 3 \times 2 + 6 \times 10 - 10 \div 5 =$

l) $20 - 3 + 7 \times 3 - 5 \times 2 + 10 =$

m) $16 - 10 + 8 \times 2 + 5 \times 3 =$

n) $40 \div 4 + 2 \times 3 - 5 + 11 =$

51. Complete as lacunas de modo que as afirmações sejam verdadeiras.

a) Em uma divisão, se o dividendo é igual ao divisor, o valor do quociente é sempre igual a _____.

b) Em uma divisão, se o divisor é igual a 1, o valor do quociente é sempre igual ao valor do _____.

c) Se o divisor é zero, então a divisão é _____.

d) Numa divisão, se o dividendo é zero, então o valor do quociente é _____.

e) Em 8 ÷ 4, o valor do quociente é _____.

f) Em 16 ÷ 3, o valor do resto é _____.

52. Complete as sentenças com os sinais >, < ou =.

a) 8 ÷ 8 ☐ 4 ÷ 4

b) 4 + 2 ☐ 2 · 3

c) 10 − 3 ☐ 10 · 3

d) 0 ÷ 2 ☐ 7 · 0

e) 16 ÷ 2 ☐ 8 ÷ 8

f) 4 ÷ 2 ☐ 3 ÷ 1

g) 4 · 3 ☐ 6 · 2

h) 5 ÷ 5 ☐ 8 ÷ 8

i) 6 · 2 ☐ 4 − 2

j) 8 − 8 ☐ 7

CAPÍTULO 3 – POTENCIAÇÃO E RADICIAÇÃO

1. Potenciação

A potenciação é uma operação matemática expressa por um número natural a elevado a um expoente n, e indica a multiplicação de a por ele mesmo n vezes. O número a é chamado de base, n de expoente e o resultado de potência.

$$a^n = \underbrace{a \times a \times a \times a \times \ldots \times a}_{n \text{ vezes}}$$

Exemplo: A multiplicação $2 \times 2 \times 2 = 8$ pode ser expressa da seguinte maneira: $2^3 = 8$, em que 2 a base, 3 o expoente e 8 a potência.

1. Complete as sentenças com os elementos da operação de potenciação.

> base   expoente   potência

a) Em $3^2 = 9$, o número 2 é o _____, 3 é a _____ e 9 é a _____.

b) Em $8^2 = 64$, o número 64 é a _____, 8 é a _____ e 2 é o _____.

c) Em $5^3 = 125$, o número 5 é a _____, 3 é o _____ e 125 é a _____.

d) Em $x^2 = 25$, temos que x é a _____, 2 é o _____ e 25 é a _____.

e) Em $a^n = b$, temos que a é a _____, n é o _____ e b é a _____.

f) Em $7^2 = 49$, a operação chama-se _____ e o 2, _____.

g) Em $8^1 = 8$, o 1 é o _____ e a operação, _____.

h) Em $b^n = a$, o b é a _____ e o a, _____.

i) Em $2^3 = 8$, o 8 é a _____.

2. Escreva as multiplicações como uma operação de potenciação.

a) $4 \times 4 \times 4 \times 4 =$ _____

b) $5 \times 5 =$ _____

c) $8 \times 8 \times 8 =$ _____

d) $1 \times 1 \times 1 =$ _____

37

e) 10 × 10 × 10 × 10 =

f) 2 × 2 × 2 × 2 × 2 × 2 =

g) 3 × 3 × 3 =

h) 9 × 9 × 9 × 9 × 9 =

i) 7 =

j) b × b =

k) x · x · x =

l) 0 × 0 × 0 × 0 × 0 × 0 × 0 =

3. Sabemos que 3^3 é igual 3 × 3 × 3, que por sua vez é igual a 27, ou seja, 3^3 = 3 × 3 × 3 = 27. Complete as igualdades.

a) 2^2 = 2 · 2 =

b) 8^2 =

c) 9^2 =

d) 10^2 =

e) 12^2 =

f) 2^3 =

g) 3^2 =

h) 5^4 =

i) 4^3 =

j) 2^5 =

k) 2^6 =

l) 3^5 =

m) 6^2 =

n) 10^5 =

o) 1^6 =

p) 7^2 =

q) 6^3 =

r) 10^4 =

s) 11^2 =

t) 10^3 =

4. Complete o quadro abaixo.

0^2	1^2	2^2	3^2		5^2		7^2			10^2
			9	16		36		64	81	

5. Associe as operações de potenciação, apresentadas na coluna da esquerda, com seus resultados, apresentados na coluna da direita.

a) 5^2 — 9

b) 2^5 — 8

c) 70^0 — 100

d) 3^2 — 32

e) 2^3 — 10 000

f) 31^1 — 64

g) 4^3 — 25

h) 10^2 — 31

i) 0^3 — 1

j) 10^4 — 0

Propriedades da potenciação

Multiplicação de potências de mesma base: conserva-se a base e adicionam-se os expoentes.
Exemplo: $5^2 \times 5^3 = 5^5$

Divisão de potências de mesma base: conserva-se a base e subtraem-se os expoentes (base diferente de zero).
Exemplo: $\dfrac{8^5}{8^2} = 8^{5-2} = 8^3$

Potência da potência: conserva-se a base e multiplicam-se os expoentes.
Exemplo: $(3^3)^2 = 3^{3 \times 2} = 3^6$
Todo número elevado a zero é igual a 1.
Exemplo: $6^0 = 1$

Produto elevado a um expoente: distribui-se o expoente para cada fator ou multiplicam-se os fatores e aplica-se o expoente.
Exemplo: $(2 \cdot 5)^3 = 2^3 \cdot 5^3$ ou $(2 \cdot 5)^3 = 10^3$

6. Determine o resultado das potenciações.

a) $1^7 =$

b) $0^7 =$

c) $1^3 =$

d) $10^3 =$

e) $15^1 =$

f) $0^{10} =$

g) $30^0 =$

h) $25^0 =$

i) $1^{25} =$

j) $0^{25} =$

k) $3^0 =$

l) $0^5 =$

m) $10^4 =$

n) $1^8 =$

o) $0^{85} =$

p) $18^0 =$

q) $3^1 =$

r) $0^3 =$

s) $376^0 =$

t) $1024^1 =$

u) $10^1 =$

v) $10^0 =$

x) $1001^0 =$

y) $10^7 =$

z) $5^3 =$

7. Com base na propriedade da multiplicação de potências de mesma base, apresente uma potência equivalente à multiplicação dada.

Exemplo: $6^3 \times 6^4 = 6^7$

a) $5^3 \cdot 5^2 =$

b) $3^4 \cdot 3^6 =$

c) $7 \cdot 7^5 =$

d) $4^3 \cdot 4^4 =$

e) $a^3 \cdot a^5 =$

f) $x^2 \cdot x^4 =$

g) $b^2 \cdot b =$

h) $x \cdot x =$

i) $m \cdot m^2 =$

j) $a^3 \cdot a^{13} =$

k) $a^8 \cdot a =$

l) $y^5 \cdot y^5 =$

8. Com base na propriedade da divisão de potências de mesma base, apresente uma potência equivalente à divisão dada.

Exemplo: $\dfrac{5^7}{5^3} = 5^4$

a) $8^{15} \div 8^3 = $

b) $a^7 \div a^2 = $

c) $b \div b = $

d) $x^2 \div x = $

e) $a^{18} \div a^{12} = $

f) $2^7 \div 2^3 = $

g) $5^7 \div 5^3 = $

h) $7^3 \div 7^2 = $

i) $8^5 \div 8^3 = $

j) $9^5 \div 9 = $

k) $x^4 \div x^2 = $

l) $y^5 \div y^3 = $

m) $15^7 \div 15^3 = $

n) $501^{20} \div 501^{19} = $

9. Com base na propriedade denominada potência de potência, apresente uma potência equivalente à potência dada.

Exemplo: $(6^3)^4 = 6^{12}$

a) $(5^4)^2 = $

b) $(2^n)^m = $

c) $(a^3)^4 = $

d) $(x^5)^1 = $

e) $(x^2)^3 = $

f) $(3^2)^y = $

g) $(7^2)^x = $

h) $(1^3)^6 = $

i) $(5^x)^2 = $

j) $(a^n)^m = $

k) $(2^7)^3 = $

l) $(a^3)^2 = $

m) $(10^a)^b = $

n) $(79^3)^5 = $

10. Escreva as potências abaixo na linguagem natural, como se lê.

> Exemplo: 5^3 lê-se: cinco ao cubo.

a) 3^2 ⬜

b) 5^3 ⬜

c) 7^2 ⬜

d) a^4 ⬜

e) b^3 ⬜

f) x^2 ⬜

g) a^2 ⬜

h) m^8 ⬜

i) n^{10} ⬜

j) 10^2 ⬜

k) 5^n ⬜

11. Complete os itens abaixo de modo que as sentenças se tornem verdadeiras.

a) 2^5 é igual a ⬜.

b) 3^3 é igual a ⬜.

c) 10^5 é igual a ⬜.

d) Em $2^3 = 8$, o número 3 é o ⬜.

e) Em $7^2 = 49$, o número 7 é a ⬜.

2. Radiciação

A radiciação é a operação inversa da potenciação.

Por exemplo, se elevarmos um número ao quadrado e depois extrairmos sua raiz quadrada, voltamos ao número inicial.

Exemplo: $5^2 = 5 \times 5 = 25 \rightarrow \sqrt[2]{25} = 5$.

Os elementos da operação de radiciação são: índice, radical, radicando e raiz.

$$\sqrt[3]{27} = 3$$

índice, radical, radicando, raiz

12. Complete as lacunas das sentenças a seguir.

a) Em $\sqrt[2]{9} = 3$, o número 2 é o ⬜, 3 é a ⬜ e 9 é o ⬜.

b) Em $\sqrt[3]{8} = 2$, o número 8 é o ⬜, 2 é a ⬜ e 3 é o ⬜.

c) Em $\sqrt[3]{125} = 5$, o número 5 é a ⬜, 3 é o ⬜ e 125 é o ⬜.

d) Em $\sqrt[2]{144} = 12$, temos que 12 é a ⬜, 2 é o ⬜ e 144 é o ⬜.

e) Em $\sqrt[2]{49} = 7$, temos que 49 é o ⬜, 2 é o ⬜ e 7 é a ⬜.

f) Em $\sqrt[3]{27} = 3$, a operação chama-se ⬜.

13. Sabemos que $\sqrt[2]{9} = 3$ pois $3^2 = 9$. Observe o exemplo e complete as sentenças.

a) $\sqrt[2]{100} = 10$ pois ⬜.

b) $\sqrt[3]{27} = $ ⬜ pois ⬜.

c) $\sqrt[2]{49} = $ ⬜ pois ⬜.

d) $\sqrt[3]{8} = $ ⬜ pois ⬜.

e) $\sqrt[3]{125} = $ ⬜ pois ⬜.

f) $\sqrt[4]{16} = $ ⬜ pois ⬜.

14. Se $8^2 = 64$, então $\sqrt[2]{64} = 8$. Observando esse exemplo, complete as sentenças abaixo.

a) $6^2 = $ ⬜ → $\sqrt{36} = 6$

b) $3^2 = $ ⬜ → $\sqrt{9} = 3$

c) $5^2 = $ ⬜ → $\sqrt{25} = 5$

d) $2^3 = $ ⬜ → $\sqrt[3]{} = 2$

e) $2^4 = $ ⬜ → $\sqrt[4]{16} = 2$

f) $3^3 = 27$ → $\sqrt[3]{27} = $ ⬜

g) $4^2 = $ ⬜ → $\sqrt{16} = $ ⬜

h) $10^2 = $ ⬜ → $\sqrt{100} = $ ⬜

i) $7^2 = 49$ → $\sqrt{} = 7$

j) $5^3 = 125$ → $\sqrt[3]{} = 5$

k) $3^4 = 81$ → $\sqrt[4]{} = 3$

l) $10^3 = $ ⬜ → $\sqrt[3]{} = 10$

m) $1^5 = $ ⬜ → $\sqrt[5]{1} = $ ⬜

n) $1^3 = $ ⬜ → $\sqrt[3]{} = 1$

o) $1^8 = $ ⬜ → $\sqrt[8]{1} = $ ⬜

15. Complete os quadros com as potências e raízes.

$0^2=0$	$1^2=1$	$2^2=4$	$3^2=9$	$4^2=16$
$\sqrt{0}=0$	$\sqrt{1}=1$			

$5^2=25$	$6^2=36$	$7^2=49$	$8^2=64$	$9^2=81$

16. Assinale a alternativa correta.

1) Em $\sqrt{25}=5$, os números 25 e 5 são, respectivamente:

   a) raiz e índice;

   b) radicando e raiz;

   c) radicando e índice;

   d) nenhuma das anteriores.

2) Quando omitimos o índice da raiz, ele é:

   a) 2

   b) 3

   c) 1

   d) 0

3) Em $\sqrt{16}$, lemos:

   a) raiz cúbica de 16;

   b) raiz quadrada de 16;

   c) raiz quarta de 16;

   d) nenhuma das anteriores.

4) A radiciação é a operação inversa da:

   a) multiplicação;

   b) adição;

   c) potenciação;

   d) divisão.

5) A raiz quadrada de 9 é:

   a) 81

   b) 4

   c) 18

   d) 3

6) A raiz quadrada de 100 é:

   a) 50

   b) 20

   c) 5

   d) 10

7) A raiz quadrada de 16 é o dobro de:

   a) 16

   b) 8

   c) 2

   d) 4

8) Em $\sqrt{x}=6$, o valor de x é:

   a) 36

   b) 12

   c) 18

   d) 6

9) O valor de $\sqrt{1}$ é:

   a) 0

   b) 1

   c) 2

   d) nenhuma das anteriores

10) O valor de $\sqrt{0}$ é:

   a) 0

   b) 1

   c) 2

   d) nenhuma das anteriores

17. Escreva como se lê.

a) $\sqrt[2]{5}$

b) $\sqrt{4}$

c) $\sqrt{a}$

d) $\sqrt[3]{27}$

e) $\sqrt[3]{8}$

f) $\sqrt[4]{16}$

g) $\sqrt[4]{81}$

h) $\sqrt[7]{1}$

i) $\sqrt[8]{1}$

j) $\sqrt{100}$

k) $\sqrt{b}$

CAPÍTULO 4 – MÚLTIPLOS E DIVISORES DE NÚMEROS NATURAIS

1. Múltiplos

Para determinar os múltiplos de um número natural, multiplicamos esse número por todos os números naturais.

Exemplo:
Vamos determinar os múltiplos de 3.

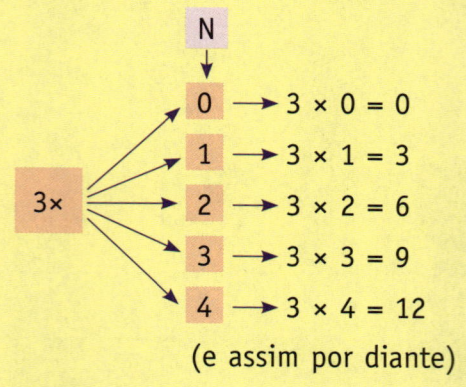

3×
- 0 → 3 × 0 = 0
- 1 → 3 × 1 = 3
- 2 → 3 × 2 = 6
- 3 → 3 × 3 = 9
- 4 → 3 × 4 = 12

(e assim por diante)

Representação:
M(3) = {0, 3, 6, 9, 12, 15, 18, 21, ...}.

1. Represente o conjunto formado pelos múltiplos dos números abaixo.

a) 5

b) 4

c) 1

d) 10

e) 8

2. Determine se as afirmações abaixo são verdadeiras (V) ou falsas (F).

a) 12 é múltiplo de 4. ☐

b) 6 não é múltiplo de 3. ☐

c) 18 é múltiplo de 9. ☐

d) 11 é múltiplo de 5. ☐

e) 20 é múltiplo de 1. ☐

f) 100 não é múltiplo de 90. ☐

g) 0 é múltiplo de 3. ☐

h) 8 é múltiplo de 8. ☐

i) O zero é múltiplo de qualquer número natural. ☐

j) Os quatro primeiros múltiplos de 5 são: 5, 10, 15, 20. ☐

k) Os quatro primeiros múltiplos de 4 são: 0, 4, 8, 12. ☐

l) 12 é múltiplo de 2, 3, 4 e 6. ☐

3. Complete as lacunas de modo que as sentenças se tornem verdadeiras.

a) 10 = 2 × 5, então 10 é múltiplo de 2 e ☐.

b) 20 = 1 × 20, então 20 é múltiplo de ☐ e ☐.

c) 8 = 2 × 4, então 8 é múltiplo de ☐ e ☐.

d) 18 = 2 × 9, então 18 é múltiplo de ☐ e ☐.

e) 18 = 1 × 18, então 18 é múltiplo de ☐ e ☐.

f) 18 = 3 × ☐, então ☐ é múltiplo de ☐ e ☐.

g) 30 = 2 × 3 × 5, então 30 é múltiplo de ☐, ☐ e ☐.

4. Determine se as sentenças abaixo são verdadeiras (**V**) ou falsas (**F**).

a) O conjunto dos múltiplos de 7 é infinito. ☐

b) O conjunto dos múltiplos de 5 é finito. ☐

c) O conjunto dos múltiplos de 1 é unitário. ☐

d) O menor múltiplo de qualquer número é o zero. ☐

e) O menor múltiplo de qualquer número é ele mesmo. ☐

f) Todo número é múltiplo de 1. ☐

g) O maior múltiplo de qualquer número é ele mesmo. ☐

h) Sempre existirá um maior múltiplo de qualquer número. ☐

i) Qualquer número é múltiplo de si mesmo. ☐

j) Os múltiplos de 2 são pares. ☐

k) Os múltiplos de 3 são ímpares. ☐

5. Complete as lacunas com os números 1, 2, 3, 4, 5.

a) 6 é múltiplo de 1, 2, ☐.

b) 8 é múltiplo de ☐, 2, ☐.

c) 10 é múltiplo de 1, ☐, ☐.

d) 5 é múltiplo de 1, ☐.

e) 3 é múltiplo de ☐, ☐.

f) 20 é múltiplo de ☐, ☐, ☐, ☐.

g) 30 é múltiplo de ☐, ☐, ☐, ☐.

h) 15 é múltiplo de ☐, ☐, ☐.

i) 1 é múltiplo de ☐.

j) 4 é múltiplo de ☐, ☐, ☐.

47

2. Divisores

Como 3 × 4 = 12, sabemos que 12 é múltiplo de 3 e 4.

Podemos então afirmar que 12 é divisível por 3 e por 4.

12 ÷ 3 = 4   12 ÷ 4 = 3

Ou seja, 3 e 4 são **divisores** de 12.

A quantidade de divisores de 12 é finita. Para encontrar os divisores de 12, dividimos 12 pelos números naturais que resultam quocientes exatos.

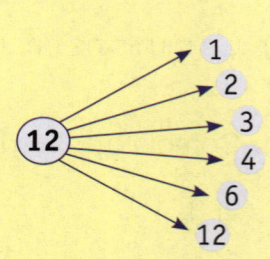

12 : 1 = 12
12 : 2 = 6
12 : 3 = 4
12 : 4 = 3
12 : 6 = 2
12 : 12 = 1

12 → 1, 2, 3, 4, 6, 12

Representação:
D(12) = {1, 2, 3, 4, 6, 12}.

6. Represente o conjunto formado pelos divisores dos números abaixo.

a) 4

b) 18

c) 20

d) 7

e) 14

f) 9

g) 21

7. Complete as lacunas de modo que as afirmações sejam verdadeiras.

a) 15 é múltiplo de 5, então 5 é divisor de ☐.

b) 8 é múltiplo de 2, então ☐ é ☐ de 8.

c) 12 é múltiplo de 3, então ☐ é divisor de ☐.

d) 39 é múltiplo de 13, então ☐ é ☐ de ☐.

8. Determine se as afirmações são verdadeiras (**V**) ou falsas (**F**):

a) 4 é divisor de 20. ☐

b) 20 é divisor de 4. ☐

c) 3 é divisor de 16. ☐

d) 3 é divisor de 6. ☐

e) 1 é divisor de 7. ☐

f) 7 não é divisor de 14. ☐

g) 15 não é múltiplo de 3. ☐

h) 25 não é múltiplo de 5. ☐

i) 100 não é múltiplo de 20. ☐

j) 100 é múltiplo de 10. ☐

9. Assinale (**V**) quando as afirmações forem verdadeiras ou (**F**) quando forem falsas.

a) O conjunto dos divisores de 12 é finito. ☐

b) O conjunto dos divisores de 8 é infinito. ☐

c) O conjunto dos divisores de 1 é unitário. ☐

d) O conjunto dos divisores de 7 é vazio. ☐

e) O menor divisor de qualquer número é o zero. ☐

f) O menor divisor de qualquer número é o 1. ☐

g) O maior divisor de um número diferente de zero é ele mesmo. ☐

h) O conjunto dos divisores de zero é vazio. ☐

i) O conjunto dos divisores de zero é infinito. ☐

10. Complete as sentenças com as palavras **é** ou **não é**.

a) 3 ☐ divisor de 8.

b) 10 ☐ múltiplo de 100.

c) 120 ☐ múltiplo de 12.

d) 1 ☐ divisor de qualquer número natural.

e) Zero ☐ divisor de números naturais.

f) Zero ☐ múltiplo de qualquer número natural.

g) Todo múltiplo de 2 ☐ par.

3. Critérios de divisibilidade

> Um número é divisível por outro se a divisão desse número pelo outro for exata, ou seja, se o resto da divisão for igual a zero.
>
> Exemplo: 12 é divisível por 3, pois 12 ÷ 3 = 4.
>
> 12 | 3
> 0   4
>
> **resto zero**

11. Complete as lacunas das sentenças.

a) Um número é divisível por 2 se for par, isto é, se o último algarismo for 0 ou ☐ ou ☐ ou ☐ ou ☐.

b) Um número é divisível por outro, se a divisão do mesmo pelo outro for ☐.

12. Assinale com **X** os números que são divisíveis por 2.

a) 342 ☐
b) 24 ☐
c) 2 ☐
d) 35 ☐
e) 8 ☐
f) 10 ☐
g) 2 031 ☐
h) 39 ☐
i) 215 ☐
j) 546 ☐
k) 111 ☐
l) 716 ☐

> Um número é divisível por 3 se a soma dos valores absolutos de seus algarismos for divisível por 3.

13. Assinale com **X** os números que são divisíveis por 3.

a) 33 ☐
b) 18 ☐
c) 92 ☐
d) 232 ☐
e) 47 ☐
f) 37 ☐
g) 60 ☐
h) 105 ☐
i) 3 452 ☐
j) 1 009 ☐
k) 51 ☐
l) 3 ☐

> Um número é divisível por 4 se os seus dois últimos algarismos forem 00 ou formarem um número divisível por 4.

14. Verifique quais números são divisíveis por 4 e assinale com **X**.

a) 420 ☐
b) 1 722 ☐
c) 48 ☐
d) 500 ☐
e) 438 ☐
f) 3 428 ☐
g) 1 414 ☐
h) 1 300 ☐
i) 4 832 ☐
j) 208 ☐
k) 1 512 ☐
l) 536 ☐
m) 15 735 ☐
n) 16 516 ☐
o) 20 048 ☐

> Um número é divisível por 5 se seu último algarismo for igual a 0 ou 5.

15. Assinale com **X** os números que são divisíveis por 5.

a) 525 ☐
b) 20 ☐
c) 1 323 ☐
d) 280 ☐
e) 140 ☐
f) 44 ☐
g) 415 ☐
h) 14 005 ☐
i) 180 ☐
j) 1 222 ☐
k) 5 280 ☐
l) 4 250 ☐

e) 702 ☐
f) 1 006 ☐
g) 5 326 ☐
h) 531 ☐
i) 999 ☐
j) 206 ☐
k) 6 ☐
l) 234 ☐

> Um número é divisível por 6 se for divisível por 2 e por 3 ao mesmo tempo.

16. Verifique quais números são divisíveis por 6 e assinale com **X**.

a) 36 ☐
b) 842 ☐
c) 1 230 ☐
d) 120 ☐

> Um número é divisível por 8 se seus três últimos algarismos forem 000 ou formarem um número divisível por 8.

17. Assinale com **X** os números que são divisíveis por 8.

a) 4 000 ☐
b) 1 024 ☐
c) 4 001 ☐
d) 40 ☐
e) 2 008 ☐
f) 1 000 ☐
g) 12 ☐
h) 16 ☐
i) 2 500 ☐
j) 9 048 ☐
k) 1 532 ☐
l) 3 456 ☐

> Um número é divisível por 9 se a soma dos valores absolutos de seus algarismos for divisível por 9.

18. Verifique quais números são divisíveis por 9 e assinale com X.

a) 306 ☐

b) 928 ☐

c) 4 348 ☐

d) 109 ☐

e) 279 ☐

f) 439 ☐

g) 702 ☐

h) 9 000 ☐

i) 2 351 ☐

j) 9 837 ☐

k) 415 ☐

l) 39 ☐

> Um número é divisível por 10 se seu último algarismo for 0.

19. Assinale com X os números que são divisíveis por 10.

a) 540 ☐

b) 705 ☐

c) 2 122 ☐

d) 8 470 ☐

e) 318 ☐

f) 4 120 ☐

g) 75 ☐

h) 1 130 ☐

i) 929 ☐

j) 3 000 ☐

k) 20 ☐

l) 4 230 ☐

20. Complete as sentenças explicando por que as afirmações são verdadeiras.

a) 4 286 é divisível por 2, pois

.

b) 837 é divisível por 3, pois

.

c) 5 480 é divisível por 5, pois

.

d) 207 é divisível por 9, pois

.

e) 3 540 é divisível por 10, pois

.

21. Verifique se os números do quadro são divisíveis por 2, 3, 4, 5, 6, 8, 9 e 10. Assinale com **X**.

	Divisível por							
	2	3	4	5	6	8	9	10
3120								
136								
7120								
143								
357								
6125								
2000								
8001								
500								

Do exercício **22** ao **24** há somente uma alternativa correta. Assinale-a.

22. O número 4 125 é divisível por:

a) 2 e 5

b) 3 e 5

c) 2 e 3

d) 5 e 10

23. O número 128 é divisível por:

a) 2 e 4

b) 2 e 3

c) 3 e 5

d) 2 e 5

24. O número 24 é divisível por:

a) 2, 3 e 5

b) 2, 3 e 9

c) 2, 3 e 4

d) n. d. a.

4. Números primos

> - Um número natural é primo quando tem exatamente dois divisores distintos: o número 1 e o próprio número.
> - O número 1 não é primo, pois não apresenta dois divisores distintos.
> - Um número que tem mais de dois divisores é chamado de número composto.

25. Complete as lacunas das sentenças abaixo.

a) Números primos são todos os números naturais maiores que 1 que têm somente dois divisores: ☐ e ele próprio.

b) Números compostos são aqueles que possuem ☐ de dois divisores.

c) Escreva os números primos compreendidos entre 1 e 20.

Os divisores primos de 36 são os números 2 e 3, que formam o conjunto {2, 3}.

26. Apresente o conjunto dos divisores primos dos números abaixo.

a) 2

b) 4

c) 9

d) 10

e) 11

f) 15

27. Determine se as sentenças abaixo são verdadeiras (**V**) ou falsas (**F**).

a) O único número par que é um número primo é o 2.

b) Todos os números ímpares são primos.

c) Nenhum número composto admite um divisor primo.

d) O número 1 é um número primo.

e) Todo número composto admite pelo menos um divisor primo.

f) Um número primo admite apenas dois divisores.

g) Um número composto admite mais de dois divisores.

h) 1 não é primo nem composto.

Como reconhecer se um número é primo

Para identificar se um número é primo, testamos sucessivamente sua divisibilidade pelos números primos menor do que ele. Se nenhuma divisão for exata e se o resultado for um quociente menor ou igual ao divisor, então esse número é primo.

Exemplo: Vamos verificar se o número 67 é primo.

```
6 7 | 2        6 7 | 3
0 7   3 3      0 7   2 2
  1              1

6 7 | 5        6 7 | 7
1 7   1 3            4 9
  2

6 7 | 1 1
  1   6
```

Como nenhuma divisão foi exata e chegamos a um quociente (6) menor que o divisor (11), podemos afirmar que o número 67 é primo.

28. Verifique e assinale com **X** os números primos.

a) 23

b) 40

c) 35 ☐

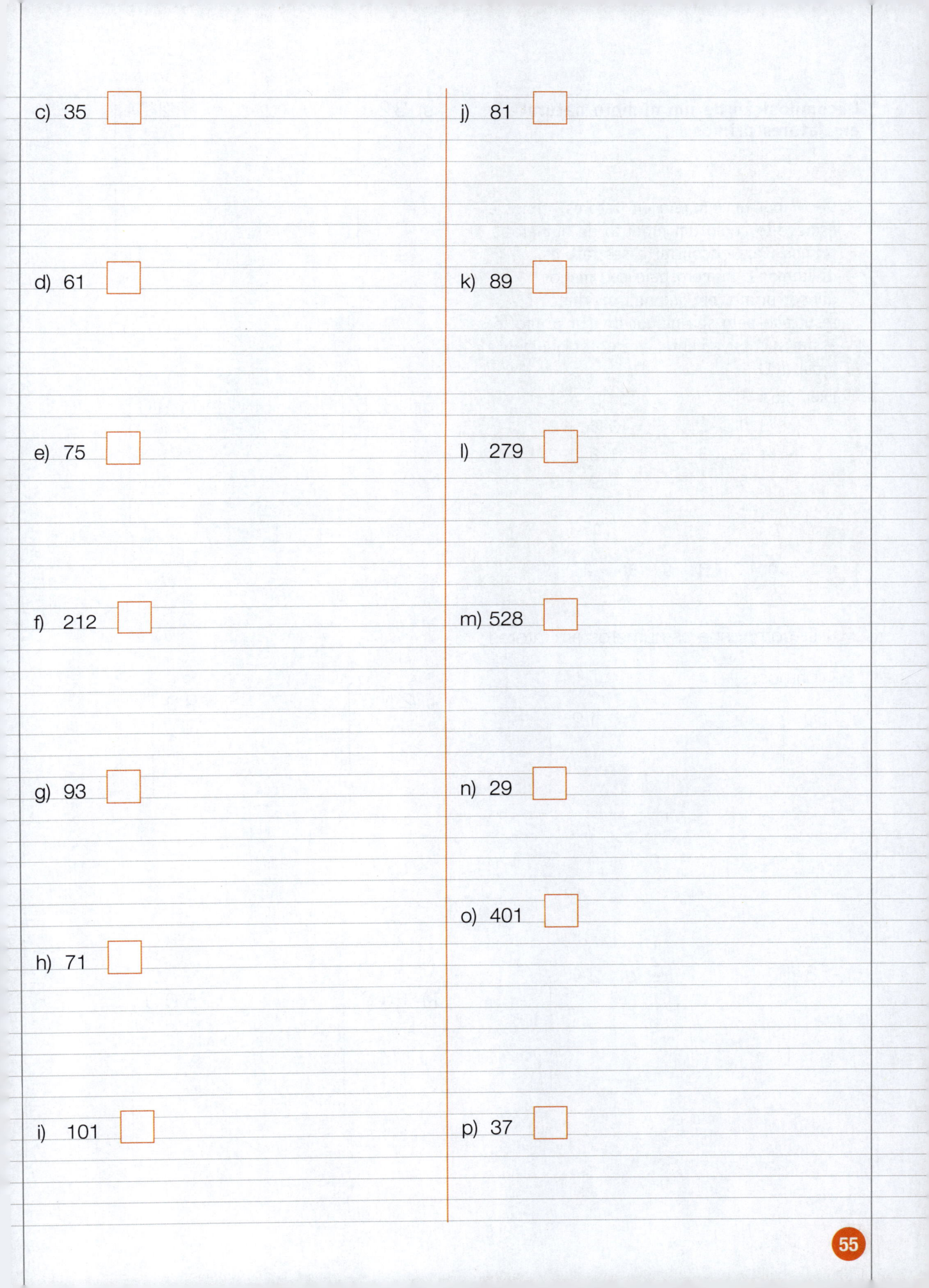

d) 61 ☐

e) 75 ☐

f) 212 ☐

g) 93 ☐

h) 71 ☐

i) 101 ☐

j) 81 ☐

k) 89 ☐

l) 279 ☐

m) 528 ☐

n) 29 ☐

o) 401 ☐

p) 37 ☐

Decomposição de um número natural em fatores primos

> Decompor um número em fatores primos é escrevê-lo como um produto de números primos. Para encontrar esses fatores, dividimos o número pelo seu menor divisor primo, em seguida dividimos o resultado pelo seu menor divisor primo, e assim sucessivamente, até obter quociente igual a 1.
>
> Exemplos:
>
> | 30 | 2 |
> | 15 | 3 |
> | 5 | 5 |
> | 1 | |
>
> | 36 | 2 |
> | 18 | 2 |
> | 9 | 3 |
> | 3 | 3 |
> | 1 | |
>
> $30 = 2 \cdot 3 \cdot 5$ $36 = 2^2 \cdot 3^2$

29. Decomponha os números em fatores primos.

a) 10

b) 12

c) 18

d) 24

e) 32

f) 729

g) 125

h) 180

i) 210

j) 99

k) 156

l) 500

Nas questões a seguir, há somente uma alternativa correta. Assinale-a.

30. O menor número primo é o número:

a) zero

b) 1

c) 3

d) nenhuma das alternativas.

31. Se um número é primo, então:

a) só pode ser ímpar.

b) não pode ser par.

c) não pode ser ímpar.

d) nenhuma das alternativas.

32. Se um número é composto, então:

a) só pode ser ímpar.

b) não pode ser par.

c) não pode ser ímpar.

d) possui mais de dois divisores.

5. Máximo divisor comum (mdc)

O maior divisor comum de dois ou mais números é chamado de Máximo Divisor Comum (mdc) desses números.
Exemplo: Vamos determinar o mdc dos números 12 e 18.
Divisores de 12:
   D(12) = {2, 3, 6, 12}
Divisores de 18:
   D(18) = {2, 3, 6, 18}
Divisores comuns de 12 e 18:
   D(12) ∩ D(18) = {2, 3, 6}
O maior divisor comum de 12 e 18 é igual a 6. Logo:
   MDC (12, 18) = 6.

33. Complete as lacunas de modo a apresentar o mdc dos números em questão.

a) D (10) = { 1, ☐, ☐, 10 }

D (15) = { ☐, ☐, ☐, 15 }

D (10) ∩ D (15) = { 1, ☐ }

O maior divisor comum de 10 e 15 é ☐.

mdc (10, 15) = ☐

b) D (8) = { 1, 2, ☐, ☐ }

D (9) = { 1, ☐, ☐ }

D (8) ∩ D (9) = { ☐ }

O maior divisor comum de 8 e 9 é ☐.

mdc (8, 9) = ☐

c) D (4) = { ☐ , ☐ , ☐ }

D (10) = { ☐ , ☐ , ☐ , ☐ }

D (4) ∩ D (10) = { ☐ , ☐ }

O maior divisor comum de 4 e 10 é ☐ .

mdc (4, 10) = ☐

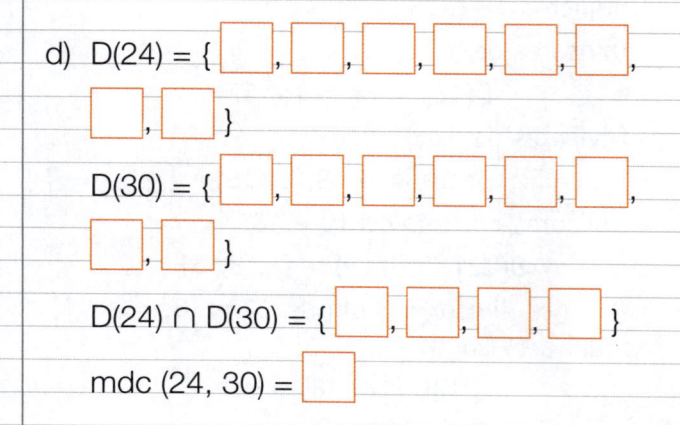

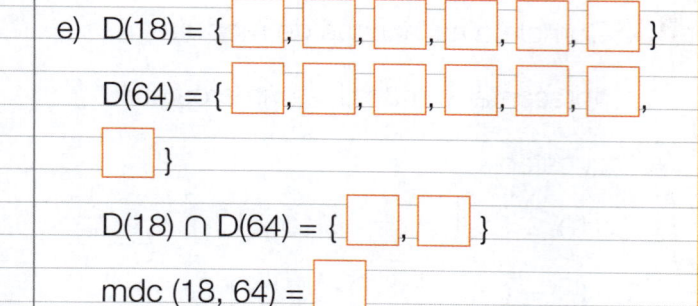

d) D(24) = { ☐ , ☐ , ☐ , ☐ , ☐ , ☐ , ☐ , ☐ }

D(30) = { ☐ , ☐ , ☐ , ☐ , ☐ , ☐ , ☐ , ☐ }

D(24) ∩ D(30) = { ☐ , ☐ , ☐ , ☐ }

mdc (24, 30) = ☐

e) D(18) = { ☐ , ☐ , ☐ , ☐ , ☐ , ☐ }

D(64) = { ☐ , ☐ , ☐ , ☐ , ☐ , ☐ , ☐ }

D(18) ∩ D(64) = { ☐ , ☐ }

mdc (18, 64) = ☐

Processo prático para a determinação do mdc: divisões sucessivas

Uma maneira de determinar o mdc de dois números é dividir o maior pelo menor. Se o resto da divisão for zero, o mdc corresponde ao valor do número menor.

Exemplo: Vamos determinar o mdc (35, 7).

```
3 5 | 7          | 0 | 5  →  quociente
0   5            | 3 5 | 7  →  divisor
                 | 0   |    →  resto
```

mdc (35, 7) = 7

Se o resto não for zero, continua-se o procedimento, dividindo o menor deles pelo resto da divisão e assim sucessivamente, até chegar a um resto zero. O último divisor será o mdc dos números apresentados.

Exemplo: Vamos determinar o mdc (28, 12).

```
2 8 | 1 2              |   | 2 | 3
  4   2              2 8 | 1 2 | ④
                       4 |  0  |
1 2 | 4
  0   3
```

mdc (28, 12) = 4

34. Pelo processo das divisões sucessivas, determine o mdc dos números apresentados.

a) 15 e 5

b) 12 e 4

c) 24 e 10

d) 30 e 10

e) 20 e 6

f) 40 e 24

g) 81 e 27

h) 75 e 12

i) 160 e 8

j) 12 e 50

k) 70 e 80

l) 20 e 24

m) 100 e 150

n) 144 e 600

o) 25 e 18

p) 12 e 5

Processo para determinação do mdc de três ou mais números

Para determinar o mdc de três ou mais números o procedimento é similar.

Exemplo: Vamos determinar o mdc (60, 36, 18).

Primeiro calculamos o mdc (60, 36).

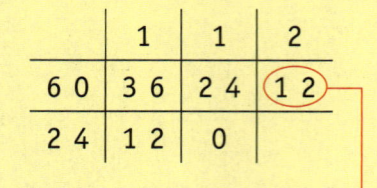

	1	1	2
60	36	24	12
24	12	0	

mdc (60, 36) = 12

Em seguida calculamos o mdc (18, 12).

	1	2
18	12	6
6	0	

Então, o mdc (60, 36, 18) = 6

35. Calcule o mdc dos números apresentados.

a) 30, 5 e 60

b) 24, 18 e 12

c) 12, 20 e 48

d) 15, 25 e 40

e) 3, 12 e 21

f) 90, 45, 75 e 25

Determinação do mdc de dois ou mais números por decomposição em fatores primos

> Decompomos cada número em seus fatores primos, tomamos os fatores comuns e os multiplicamos de modo a obter um valor. Esse valor corresponde ao mdc procurado.
>
> Exemplo:
> Vamos determinar o mdc (24, 60).
>
> | 24 | 60 | 2 | divisor comum |
> |----|----|----|---------------|
> | 12 | 30 | 2 | divisor comum |
> | 6 | 15 | 2 | |
> | 3 | 15 | 3 | divisor comum |
> | 1 | 5 | 5 | |
> | 1 | 1 | | |
>
> mdc (24, 60) = 2 × 2 × 3 = 12

36. Calcule o mdc pelo processo da decomposição em fatores primos.

a) 24 e 32

b) 18 e 15

c) 18, 60 e 24

d) 180, 36 e 120

e) 12 e 25

f) 7 e 18

Números primos entre si

> 🔵 Dois ou mais números são primos entre si quando o único divisor comum a todos for o número 1.
>
> Exemplo: Vamos verificar se os números 12 e 35 são primos entre si.
>
> mdc (12, 35) = 1, então 12 e 35 são primos entre si.
>
> | | 2 | 1 | 1 |
> |----|----|----|---|
> | 35 | 12 | 11 | 1 |
> | 11 | 1 | 0 | |
>
> Pelo método da decomposição em fatores primos, podemos observar que os números 12 e 35 não têm divisores comuns, além do número 1. Então, 12 e 35 são primos entre si.
>
> | 35 | 5 | | 12 | 2 |
> |----|---|-----|----|---|
> | 7 | 7 | | 6 | 2 |
> | 1 | | | 3 | 3 |
> | | | | 1 | |
> | 5 · 7 | | | $2^2 \cdot 3$ | |

37. Verifique se os números apresentados são primos entre si por meio do cálculo do mdc, e complete as lacunas.

a) mdc (12, 35) = ☐

  12 e 35 ☐ primos entre si.

b) mdc (5, 12) = ☐

  5 e 12 ☐ primos entre si.

c) mdc (9, 16) = ☐

  9 e 16 ☐ primos entre si.

d) mdc (30, 24, 35) = ☐

  30, 24, 35 ☐ primos entre si.

e) mdc (6, 15, 21) = ☐

  6, 15, 21 ☐ primos entre si.

f) mdc (9, 18, 27) = ☐

9, 18, 27 ☐ primos entre si.

b) M (6) = {0, 6, ☐ }

M (8) = {0, 8, ☐ }

M (6) ∩ M (8) = {0, ☐ }

O menor múltiplo comum não nulo de 6 e 8 é ☐.

mmc (6, 8) = ☐

6. Mínimo múltiplo comum (mmc)

O mínimo múltiplo comum (mmc) de dois números naturais é o menor múltiplo comum, diferente de zero, desses números.

Exemplo: Vamos determinar o mmc dos números 4 e 6.

M (4) = {0, 4, 8, 12, 16, 20, 24 ...}
M (6) = {0, 6, 12, 18, 24, ...}
M (4) ∩ M (6) = {0, 12, 24, ...}

O menor múltiplo comum não nulo de 4 e 6 é 12.

mmc (4, 6) = 12

Processo prático para a determinação do mmc

Decompomos cada número em seus fatores primos e tomamos os fatores comuns de maior expoente e os não comuns. O produto obtido corresponde ao mmc desses números.

Exemplo: Vamos determinar o mmc dos números 20 e 24.

Decompondo em seus fatores primos:

24	2		20	2
12	2		10	2
6	2		5	5
3	3		1	
1				

$24 = 2^3 \cdot 3$ $20 = 2^2 \cdot 5$

mmc (24, 20) = $2^3 \cdot 3 \cdot 5 = 120$

38. Complete as lacunas de modo a apresentar o mmc dos números em questão.

a) M (2) = {0, 2, ☐, ☐, 8, ☐, ...}

M (3) = {0, 3, 6, ☐, ☐, 15, ☐, ...}

M (2) ∩ M (3) = {0, ☐, 12, ...}

O menor múltiplo comum (não nulo) de 2 e 3 é ☐.

mmc (2, 3) = ☐

39. Calcule o mmc dos números que seguem.

a) 6, 9 e 8

b) 3, 4 e 12

c) 20 e 30

d) 4, 6, 8 e 10

e) 12 e 10

f) 6, 8 e 18

Processo prático para a determinação do mmc de dois ou mais números

Para determinar o mmc de dois ou mais números podemos decompô-los em fatores primos simultaneamente.

Exemplo: Determinar o mmc dos números 6, 8 e 20.

6, 8, 20	2
3, 4, 10	2
3, 2, 5	2
3, 1, 5	3
1, 1, 5	5
1, 1, 1	

$2^3 \cdot 3 \cdot 5 = 120$

mmc (6, 8, 20) = 120

40. Calcule o mmc dos números a seguir.

a) mmc (18, 40)

b) mmc (40, 60)

c) mmc (18, 24, 40)

d) mmc (6, 8, 12)

e) mmc (5, 6, 12)

f) mmc (24, 36, 18)

g) mmc (12, 10)

h) mmc (40, 18, 21)

i) mmc (10, 6, 4, 8)

j) mmc (12, 36, 18)

k) mmc (17, 19)

l) mmc (39, 43)

CAPÍTULO 5 – FRAÇÕES

1. A ideia de fração e sua representação

> Fração é a parte de um todo que foi dividido em partes iguais.
>
> Numericamente representa-se uma fração como um quociente de dois números.
>
> O numerador indica quantas partes foram tomadas do todo, e o denominador indica em quantas partes foram divididas o todo.

1. Complete.

a) $\dfrac{1}{3}$ →
   →

b) $\dfrac{7}{7}$ →
   →

c) $\dfrac{0}{5}$ →
   →

2. Observe cada figura e complete as lacunas.

a)

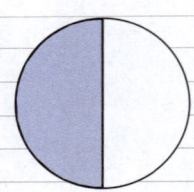

Número de partes em que a figura foi dividida: ☐

Número de partes pintadas: ☐

Dividimos o todo em ☐ partes e tomamos ☐ parte.

$\dfrac{1}{2}$ lê-se "um meio".

b)

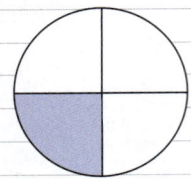

Número de partes em que a figura foi dividida: ☐

Número de partes pintadas: ☐

Dividimos o todo em ☐ partes e tomamos ☐ parte.

$\dfrac{1}{4}$ lê-se "um quarto".

c)

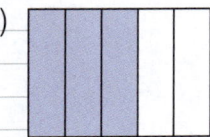

Número de partes em que a figura foi dividida: ☐

Número de partes pintadas: ☐

Dividimos o todo em ☐ partes e tomamos ☐ partes.

$\dfrac{3}{5}$ lê-se "três quintos".

3. Represente na forma de fração a parte colorida das figuras.

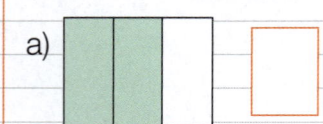

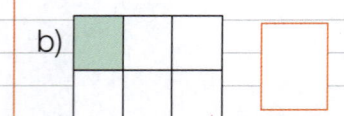

a) ☐

b) ☐

c) 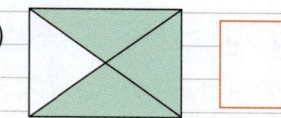 ☐

d) 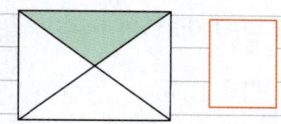 ☐

e) 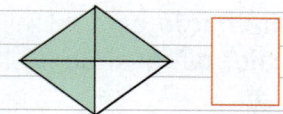 ☐

f) 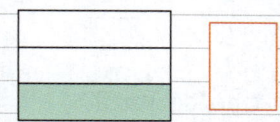 ☐

g) 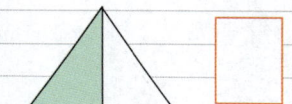 ☐

h) 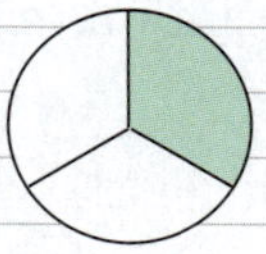 ☐

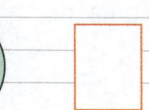

i) 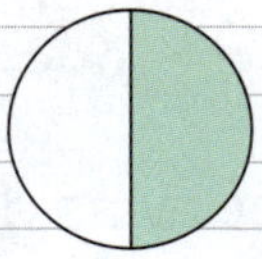 ☐

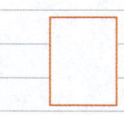

j) 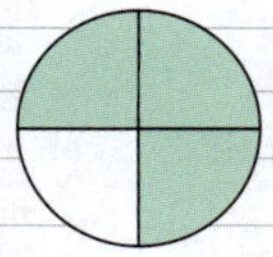 ☐

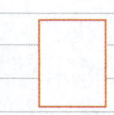

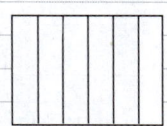

c) $\dfrac{8}{10}$

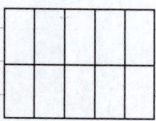

d) $\dfrac{3}{8}$

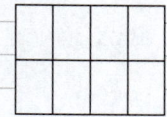

e) $\dfrac{1}{2}$

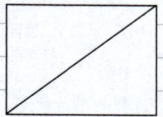

f) $\dfrac{1}{10}$

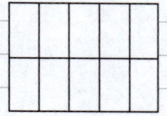

g) $\dfrac{2}{3}$

h) $\dfrac{5}{5}$

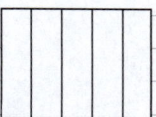

i) $\dfrac{3}{4}$

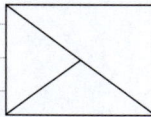

j) $\dfrac{7}{8}$

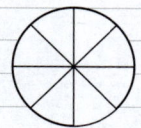

k) $\dfrac{1}{5}$

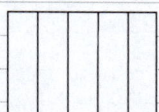

4. Pinte as figuras conforme a fração representada.

a) $\dfrac{2}{4}$

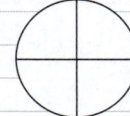

b) $\dfrac{3}{6}$

Leitura de frações

$\frac{5}{7}$ lê-se cinco sétimos.

$\frac{6}{15}$ lê-se seis quinze avos.

5. Escreva como se lê as frações.

a) $\frac{2}{5}$

b) $\frac{3}{10}$

c) $\frac{1}{7}$

d) $\frac{5}{26}$

e) $\frac{7}{20}$

f) $\frac{2}{4}$

g) $\frac{1}{9}$

h) $\frac{3}{27}$

i) $\frac{5}{14}$

j) $\frac{3}{100}$

k) $\frac{11}{8}$

2. Tipos de frações

Fração própria: uma fração em que o numerador é menor que o denominador.
Exemplos:
$\frac{3}{4}, \frac{1}{5}, \frac{2}{7}$

Fração imprópria: uma fração em que o numerador é maior ou igual ao denominador.
Exemplos:
$\frac{5}{4}, \frac{7}{7}, \frac{4}{3}$

Fração aparente: um tipo de fração imprópria, cujo numerador é múltiplo do denominador.
Exemplos:
$\frac{5}{5}, \frac{8}{4}, \frac{6}{3}$

Número misto: tem uma parte inteira e outra fracionária.
Exemplos:
$2\frac{1}{3}, 3\frac{2}{5}, 7\frac{1}{2}$

6. Complete as frases com as palavras do quadro.

> fracionária   própria   igual
> numerador   denominador   inteira

a) Fração própria é aquela que tem o _____ menor que o _____ .

b) Fração imprópria é aquela que tem o _____ maior ou _____ ao denominador.

c) Numa fração aparente, o numerador é múltiplo do _____.

d) Número misto é aquele que tem uma parte _____ e outra _____.

7. Coloque P nas frações próprias e I nas impróprias.

a) $\dfrac{3}{7}$ ☐

b) $\dfrac{4}{3}$ ☐

c) $\dfrac{2}{8}$ ☐

d) $\dfrac{3}{3}$ ☐

e) $\dfrac{1}{5}$ ☐

f) $\dfrac{2}{10}$ ☐

g) $\dfrac{7}{7}$ ☐

h) $\dfrac{20}{3}$ ☐

i) $\dfrac{2}{9}$ ☐

j) $\dfrac{1}{3}$ ☐

k) $\dfrac{7}{5}$ ☐

l) $\dfrac{30}{10}$ ☐

m) $\dfrac{10}{10}$ ☐

n) $\dfrac{7}{10}$ ☐

o) $\dfrac{10}{7}$ ☐

8. Apresente as soluções dos problemas a seguir.

a) Uma barra de chocolate deve ser repartida igualmente entre 3 pessoas. Que fração corresponde à parte que cada pessoa receberá? ☐

b) Um pacote de balas deve ser dividido igualmente entre 5 meninos. Que fração corresponde à parte que cada um receberá? ☐

c) Em uma semana (7 dias), que fração representa 1 dia? ☐

d) Com relação ao problema anterior, qual é a fração correspondente à semana toda? ☐

Qual é a correspondente a 2 dias? ☐

Qual é a correspondente a 10 dias? ☐

e) Que fração representa 1 mês em 1 ano? ☐

f) Que fração representa 7 meses em 1 ano? ☐

9. 50 figurinhas foram distribuídas para 3 meninos da seguinte forma: 13 ao primeiro, 15 ao segundo e 18 ao terceiro. Responda:

a) Que fração corresponde ao que o primeiro menino recebeu? ☐

b) Que fração corresponde ao que o segundo menino recebeu? ☐

c) Que fração corresponde ao que o terceiro menino recebeu? ☐

d) Que fração corresponde ao restante das figurinhas? ☐

Números mistos

Os números mistos podem ser representados como frações impróprias.

Exemplo: $2\frac{1}{5}$

$2 \frac{1}{5} = \frac{5 \times 2 + 1}{5} = \frac{11}{5}$

10. Represente os números mistos como frações impróprias.

a) $3 \frac{1}{4} =$ ☐

b) $5 \frac{1}{3} =$ ☐

c) $1 \frac{3}{5} =$ ☐

d) $2 \frac{4}{5} =$ ☐

e) $8 \frac{1}{3} =$ ☐

f) $9 \frac{1}{5} =$ ☐

g) $1 \frac{3}{10} =$ ☐

h) $4 \frac{3}{9} =$ ☐

i) $5 \frac{1}{8} =$ ☐

Frações impróprias

Frações impróprias podem ser representadas como números mistos.

Exemplo: $\dfrac{5}{3} = 1\dfrac{2}{3}$

Explicação: $5 | \underline{3}$ → $1\dfrac{2}{3}$
$2①$

11. Represente as frações impróprias como números mistos.

a) $\dfrac{9}{5} =$ ☐

b) $\dfrac{8}{3} =$ ☐

c) $\dfrac{15}{13} =$ ☐

d) $\dfrac{12}{5} =$ ☐

e) $\dfrac{9}{4} =$ ☐

f) $\dfrac{18}{11} =$ ☐

g) $\dfrac{10}{4} =$ ☐

h) $\dfrac{19}{3} =$ ☐

i) $\dfrac{80}{33} =$ ☐

j) $\dfrac{142}{67} =$ ☐

3. Frações equivalentes

Frações equivalentes são frações que representam a mesma parte do todo.

Exemplo: $\dfrac{1}{2}$, $\dfrac{2}{4}$ e $\dfrac{5}{10}$ são equivalentes.

12. Complete para obter frações equivalentes.

a) $\dfrac{1}{5} = \dfrac{3}{}$ (×3)

b) $\dfrac{1}{3} = \dfrac{}{}$ (×2)

c) $\dfrac{6}{8} = \dfrac{}{}$ (÷2)

d) $\dfrac{10}{8} = \dfrac{}{}$ (÷2)

e) $\dfrac{18}{36} = \dfrac{}{}$ (÷3)

f) $\dfrac{2}{3} = \dfrac{}{}$ (×5)

13. Complete para tornar verdadeira cada igualdade.

a) $\dfrac{1}{3} = \dfrac{\boxed{}}{15}$

b) $\dfrac{1}{2} = \dfrac{\boxed{}}{18}$

c) $\dfrac{12}{8} = \dfrac{3}{\boxed{}}$

d) $\dfrac{1}{9} = \dfrac{5}{\boxed{}}$

e) $\dfrac{5}{7} = \dfrac{55}{\boxed{}}$

f) $\dfrac{15}{5} = \dfrac{\boxed{}}{1}$

g) $\dfrac{15}{30} = \dfrac{3}{\boxed{}}$

h) $\dfrac{8}{64} = \dfrac{1}{\boxed{}}$

i) $\dfrac{\boxed{}}{6} = \dfrac{5}{3}$

j) $\dfrac{\boxed{}}{72} = \dfrac{\boxed{}}{6}$

4. Simplificação de frações

Para simplificar uma fração dividimos o numerador e o denominador por um mesmo número maior que 1. A fração final é equivalente à inicial.

Exemplo:

$\dfrac{24}{36} \dfrac{\div 2}{\div 2} = \dfrac{12}{18} \dfrac{\div 2}{\div 2} = \dfrac{6}{9} \dfrac{\div 3}{\div 3} = \dfrac{2}{3}$

14. Simplifique as frações.

a) $\dfrac{4}{8} =$

b) $\dfrac{72}{144} =$

c) $\dfrac{35}{80} =$

d) $\dfrac{21}{35} =$

e) $\dfrac{192}{200} =$

f) $\dfrac{3}{15} =$

g) $\dfrac{45}{63} =$

h) $\dfrac{8}{12} =$

i) $\dfrac{3}{6} =$

j) $\dfrac{54}{90} =$

Fração irredutível

> Chamamos de fração irredutível uma fração que não pode mais ser simplificada.
>
> Exemplo: $\frac{24}{36}$
>
> mdc (24, 36) = 12
>
> $\frac{24 \div 12}{36 \div 12} = \frac{2}{3}$

15. Simplifique cada fração até torná-la irredutível.

a) $\frac{28}{35} =$

b) $\frac{5}{40} =$

c) $\frac{950}{1\,350} =$

d) $\frac{54}{90} =$

e) $\frac{18}{12} =$

f) $\frac{15}{60} =$

g) $\frac{144}{1\,024} =$

h) $\frac{250}{850} =$

i) $\frac{285}{490} =$

5. Comparação de frações

> Se duas ou mais frações têm mesmo denominador, a maior fração é aquela que tem o numerador maior.

16. Complete com > ou <.

a) $\frac{5}{4}$ ☐ $\frac{1}{4}$

b) $\dfrac{3}{5}\ \square\ \dfrac{9}{5}$

c) $\dfrac{8}{7}\ \square\ \dfrac{2}{7}$

d) $\dfrac{3}{8}\ \square\ \dfrac{7}{8}$

e) $\dfrac{2}{9}\ \square\ \dfrac{6}{9}$

f) $\dfrac{3}{4}\ \square\ \dfrac{2}{3}$

g) $\dfrac{1}{5}\ \square\ \dfrac{3}{10}$

h) $\dfrac{1}{2}\ \square\ \dfrac{3}{4}$

i) $\dfrac{9}{5}\ \square\ \dfrac{9}{6}$

j) $\dfrac{10}{5}\ \square\ \dfrac{10}{3}$

17. Complete as sentenças com as palavras **maior** e **menor**.

a) Se os numeradores de duas frações são iguais, a maior é aquela que tem [ ] denominador.

b) Se os denominadores de duas frações são iguais, a maior é aquela que tem [ ] numerador.

6. Adição e subtração de frações

Frações com denominadores iguais

> Adicionamos ou subtraímos os numeradores, conservando o denominador.
> Exemplo: $\dfrac{5}{8} + \dfrac{1}{8} = \dfrac{6}{8}$

18. Efetue as adições e subtrações.

a) $\dfrac{5}{3} + \dfrac{1}{3} =$

b) $\dfrac{4}{5} + \dfrac{2}{5} =$

c) $\dfrac{1}{7} + \dfrac{3}{7} =$

d) $\dfrac{17}{3} - \dfrac{2}{3} =$

e) $\dfrac{21}{19} - \dfrac{2}{19} =$

f) $\dfrac{4}{20} + \dfrac{12}{20} + \dfrac{3}{20} =$

g) $\dfrac{1}{7} + \dfrac{2}{7} + \dfrac{3}{7} + \dfrac{2}{7} =$

h) $\dfrac{1}{5} + \dfrac{3}{5} + \dfrac{4}{5} + \dfrac{6}{5} =$

i) $\dfrac{19}{3} - \dfrac{4}{3} - \dfrac{8}{3} =$

j) $\dfrac{15}{7} - \dfrac{3}{7} - \dfrac{1}{7} =$

Frações com denominadores diferentes

> Reduzimos as frações ao mesmo denominador e resolvemos como no caso anterior.
>
> Exemplo: $\dfrac{1}{6} + \dfrac{3}{4} + \dfrac{5}{2}$
>
> Calculamos o mmc dos denominadores das frações:
>
> mmc (6, 4, 2) = 12
>
> Dividimos o mmc (novo denominador) pelos denominadores das frações e multiplicamos o resultado da divisão pelos respectivos numeradores.
>
> $\dfrac{1}{6} + \dfrac{3}{4} + \dfrac{5}{2} =$
>
> $= \dfrac{2 + 9 + 30}{12} = \dfrac{41}{12}$

19. Efetue as adições e subtrações.

a) $\dfrac{5}{2} + \dfrac{3}{4} =$

b) $\dfrac{3}{2} + \dfrac{7}{3} =$

c) $\dfrac{6}{8} + \dfrac{3}{2} =$

d) $\dfrac{9}{3} + \dfrac{1}{4} =$

e) $\dfrac{12}{6} - \dfrac{3}{8} =$

f) $\dfrac{6}{5} - \dfrac{2}{3} - \dfrac{1}{3} =$

g) $\dfrac{7}{3} + \dfrac{3}{4} - \dfrac{2}{4} =$

h) $\dfrac{6}{7} - \dfrac{1}{3} + \dfrac{4}{3} =$

i) $\dfrac{4}{3} - \dfrac{1}{6} =$

j) $\dfrac{7}{4} - \dfrac{8}{9} =$

k) $\dfrac{10}{5} - \dfrac{3}{6} =$

l) $\dfrac{2}{3} + \dfrac{3}{4} + \dfrac{2}{6} =$

m) $\dfrac{5}{4} + \dfrac{2}{6} + \dfrac{4}{5} =$

n) $\dfrac{10}{3} + \dfrac{1}{5} - \dfrac{2}{3} =$

o) $\dfrac{7}{5} + \dfrac{2}{3} - \dfrac{1}{3} =$

p) $\dfrac{18}{7} + \dfrac{1}{3} - \dfrac{3}{5} =$

7. Multiplicação, divisão e potenciação de frações

Multiplicação de frações

> Multiplicamos numerador com numerador e denominador com denominador.
>
> Exemplo: $\dfrac{5}{3} \times \dfrac{2}{6} = \dfrac{5 \times 2}{3 \times 6} = \dfrac{10}{18}$

20. Efetue as multiplicações.

a) $\dfrac{3}{4} \times \dfrac{1}{2} =$

b) $\dfrac{1}{8} \times \dfrac{3}{4} =$

c) $\dfrac{2}{7} \times \dfrac{7}{5} =$

d) $\dfrac{1}{5} \times \dfrac{8}{3} =$

e) $\dfrac{4}{3} \times \dfrac{1}{5} =$

f) $\dfrac{3}{5} \times \dfrac{2}{4} =$

g) $\dfrac{2}{3} \times \dfrac{1}{8} =$

h) $\dfrac{7}{5} \times \dfrac{10}{14} =$

i) $\dfrac{8}{5} \times \dfrac{5}{8} =$

j) $\dfrac{7}{3} \times \dfrac{2}{7} =$

k) $\dfrac{9}{8} \times \dfrac{3}{2} =$

l) $\dfrac{4}{10} \times \dfrac{5}{2} =$

Inverso de uma fração

> Exemplos:
>
> O inverso de $\dfrac{2}{5}$ é $\dfrac{5}{2}$ porque $\dfrac{2}{5} \times \dfrac{5}{2} = 1$.
>
> O inverso de $\dfrac{1}{3}$ é $\dfrac{3}{1}$ porque $\dfrac{1}{3} \times \dfrac{3}{1} = 1$.
>
> O inverso de 5 é $\dfrac{1}{5}$ porque $5 \times \dfrac{1}{5} = 1$

Divisão de frações

> Para dividir uma fração por outra, multiplicamos a primeira pelo inverso da segunda.
>
> Exemplo: $\dfrac{2}{3} \div \dfrac{7}{5} = \dfrac{2}{3} \times \dfrac{5}{7} = \dfrac{10}{21}$

21. Efetue as divisões.

a) $\dfrac{4}{3} \div \dfrac{5}{7} =$

b) $\dfrac{3}{5} \div 11 =$

c) $3 \div \dfrac{2}{7} =$

d) $\dfrac{2}{3} \div \dfrac{4}{5} =$

e) $\dfrac{3}{8} \div 1 =$

f) $\dfrac{4}{9} \div \dfrac{1}{2} =$

g) $\dfrac{2}{5} \div \dfrac{5}{7} =$

h) $\dfrac{1}{2} \div \dfrac{11}{15} =$

i) $\dfrac{2}{9} \div \dfrac{3}{9} =$

j) $\dfrac{8}{3} \div 4 =$

k) $\dfrac{4}{5} \div 8 =$

l) $\dfrac{9}{16} \div \dfrac{3}{4} =$

22. Observe o exemplo e calcule.

$$\dfrac{3}{5} \div \dfrac{2}{4} \div \dfrac{1}{7} = \dfrac{3}{5} \times \dfrac{4}{2} \times \dfrac{7}{1} = \dfrac{84}{10} = \dfrac{42}{5}$$

a) $\dfrac{8}{5} \div \dfrac{1}{3} \div \dfrac{2}{4} =$

b) $\dfrac{1}{7} \div \dfrac{3}{2} \div \dfrac{2}{5} \div \dfrac{4}{6} =$

c) $\dfrac{2}{3} \div \dfrac{4}{5} \div \dfrac{1}{5} \div \dfrac{2}{7} =$

d) $\dfrac{3}{5} \div \dfrac{1}{5} \div \dfrac{2}{3} \div 6 =$

e) $\dfrac{5}{9} \div \dfrac{2}{3} \div 3 \div \dfrac{1}{4} =$

f) $\dfrac{7}{3} \div \dfrac{4}{5} \div \dfrac{1}{3} \div 2 =$

23. Associe a coluna da esquerda com a da direita, conforme o valor da expressão.

a) $\dfrac{4}{5} + \dfrac{3}{5}$ ☐ $\dfrac{3}{4}$

b) $\dfrac{2}{3} \times \dfrac{1}{8}$ ☐ $\dfrac{7}{5}$

c) $\dfrac{3}{5} \div \dfrac{4}{5}$ ☐ $\dfrac{1}{12}$

d) $\dfrac{3}{4} + \dfrac{8}{3} \times \dfrac{3}{5}$ ☐ $\dfrac{17}{24}$

e) $\dfrac{7}{8} - \dfrac{1}{4} \div \dfrac{3}{2}$ ☐ $\dfrac{47}{20}$

Potenciação de frações

> Para desenvolver a potência de uma fração, aplicamos o expoente ao numerador e ao denominador. Exemplo:
> $$\left(\frac{2}{3}\right)^2 = \frac{2^2}{3^2} = \frac{4}{9}$$

24. Calcule as potências.

a) $\left(\dfrac{3}{5}\right)^2 =$

b) $\left(\dfrac{1}{4}\right)^2 =$

c) $\left(\dfrac{3}{7}\right)^2 =$

d) $\left(\dfrac{1}{10}\right)^2 =$

e) $\left(\dfrac{4}{9}\right)^2 =$

f) $\left(\dfrac{12}{7}\right)^2 =$

g) $\left(\dfrac{1}{5}\right)^2 =$

h) $\left(\dfrac{3}{11}\right)^2 =$

i) $\left(\dfrac{5}{13}\right)^2 =$

j) $\left(\dfrac{8}{3}\right)^2 =$

k) $\left(\dfrac{10}{13}\right)^2 =$

l) $\left(\dfrac{4}{3}\right)^2 =$

m) $\left(\dfrac{2}{3}\right)^3 =$

n) $\left(\dfrac{1}{4}\right)^4 =$

o) $\left(\dfrac{2}{5}\right)^4 =$

p) $\left(\dfrac{3}{5}\right)^3 =$

q) $\left(\dfrac{1}{2}\right)^5 =$

r) $\left(\dfrac{1}{6}\right)^3 =$

s) $\left(\dfrac{2}{7}\right)^2 =$

8. Expressões fracionárias

> Para resolver uma expressão matemática com frações, devemos efetuar as operações na seguinte ordem:
>
> **1º** Potenciações
> **2º** Multiplicações e divisões
> **3º** Adições e subtrações
>
> Exemplo:
>
> $$\frac{2}{5} \times \frac{3}{4} + \left(\frac{3}{2}\right)^2 - \frac{1}{8} =$$
>
> $$= \frac{2}{5} \times \frac{3}{4} + \frac{9}{4} - \frac{1}{8} =$$
>
> $$= \frac{6}{20} + \frac{9}{4} - \frac{1}{8} =$$
>
> $$= \frac{12 + 90 - 5}{40} = \frac{97}{40}$$

25. Calcule.

a) $\dfrac{3}{5} + \dfrac{1}{3} \times \dfrac{2}{5} =$

b) $\dfrac{7}{3} + \dfrac{2}{3} - \dfrac{1}{4} =$

c) $\dfrac{6}{5} + \dfrac{3}{4} \times \dfrac{5}{2} + \dfrac{1}{5} =$

d) $\dfrac{3}{4} \times \dfrac{1}{5} - \dfrac{2}{20} + \dfrac{3}{10} =$

e) $\dfrac{2}{3} + \left(\dfrac{1}{2}\right)^2 - \dfrac{2}{6} =$

f) $\left(\dfrac{1}{5}\right)^2 - \left(\dfrac{1}{10}\right)^2 =$

g) $\dfrac{5}{3} + \left(\dfrac{1}{4}\right)^2 - \left(\dfrac{2}{3}\right)^2 =$

h) $\left(\dfrac{2}{3}\right)^2 \times \dfrac{1}{3} + \dfrac{4}{9} =$

i) $\dfrac{3}{5} + \dfrac{1}{4} \div \dfrac{2}{3} =$

j) $\dfrac{1}{5} + \dfrac{3}{7} \div \dfrac{4}{5} =$

k) $\dfrac{2}{3} \div \dfrac{1}{5} - \dfrac{3}{5} =$

l) $\dfrac{4}{5} - \dfrac{2}{10} + \dfrac{1}{5} \times \dfrac{2}{3} + \left(\dfrac{1}{5}\right)^2 =$

m) $\left(\dfrac{1}{5}\right)^2 + \dfrac{2}{3} + \left(\dfrac{1}{5}\right)^2 - \dfrac{1}{25} =$

n) $\dfrac{2}{5} + \dfrac{1}{3} + \left(\dfrac{2}{3}\right)^2 \div \left(\dfrac{1}{2}\right)^2 =$

9. Problemas com frações

Uma turma de estudantes é composta por 60 pessoas. Quantos são $\dfrac{2}{3}$ dessa turma?

A turma toda (60 alunos) pode ser indicada por $\dfrac{3}{3}$.

Cada $\dfrac{1}{3}$ corresponde a 20 alunos:

60 : 3 = 20.

Assim, $\dfrac{2}{3}$ correspondem a 40:

2 × 20 = 40.

Resposta: 40 alunos.

Na prática, resolvemos assim:

$\dfrac{2}{3}$ de 60 é o mesmo que:

$\dfrac{2}{3} \times \dfrac{60}{1} = \dfrac{120}{3} = 40$ (alunos).

Resolva estes problemas.

26. Numa classe há 40 alunos. Hoje foram à aula $\dfrac{7}{8}$ deles. Quantos compareceram?

27. Em uma biblioteca há 700 livros, sendo $\frac{3}{5}$ de literatura. Quantos livros são de literatura?

28. Quanto é $\frac{3}{4}$ de 160?

29. Uma peça de tecido custa R$ 500,00. Qual é o preço de $\frac{2}{5}$ dessa peça?

30. Um homem tem 15 netos, $\frac{3}{5}$ são homens, quantos são os homens? E quantas são as mulheres?

31. Em um exame com 80 questões, João acertou $\frac{5}{8}$. Quantas questões ele errou?

32. Priscila e sua prima nadaram, respectivamente, $\frac{3}{4}$ e $\frac{2}{3}$ de uma piscina. Quanto nadou cada uma, se a piscina tem 120 m?

33. Um ingresso para o teatro custou $\frac{1}{9}$ da minha mesada. Fui ao teatro 4 vezes e gastei R$ 80,00. Qual é o valor da minha mesada?

34. $\frac{3}{4}$ do que Márcio possui equivalem a R$ 1 800,00. Quanto ele possui?

35. Hoje José tem R$ 720,00. Sua irmã Lúcia tem $\frac{2}{3}$ do que tem José. Quanto tem Lúcia?

36. Eu moro numa avenida que tem 6 480 m de comprimento. O número da minha casa equivale a $\frac{3}{4}$ da metragem da rua. Qual é o número da minha casa?

37. Hoje Pedro tem R$ 7 200,00, que é igual a $\frac{3}{5}$ do que tinha na semana passada. Quanto Pedro tinha na semana passada?

Problema resolvido

A distância entre duas cidades é de 300 km.
Um automóvel percorreu no primeiro dia $\frac{1}{3}$ da estrada e no segundo dia $\frac{2}{5}$ da estrada.
Quantos quilômetros percorreu nesses dois dias?

$\frac{1}{3} \rightarrow$ 1º dia $\frac{2}{5} \rightarrow$ 2º dia

1º dia   2º dia
$\frac{1}{3} + \frac{2}{5} = \frac{5+6}{15} = \frac{11}{15}$

$\frac{11}{15}$ correspondem ao percorrido nos 2 primeiros dias.

Então, $\frac{11}{15} \times 300 = \frac{3\,300}{15} = 220$ km.

Resposta: 220 km.

39. Uma fábrica produz 1 800 peças por semana. Se no primeiro dia produzir $\frac{1}{3}$ dessas peças e no segundo $\frac{3}{9}$ do total, quantas peças produzirá nesses dois dias?

38. Em uma sacola havia 60 balas. No primeiro dia as crianças comeram $\frac{1}{3}$ dessas balas e no segundo dia $\frac{5}{12}$ do tota. Quantas balas foram comidas?

40. Quero dividir 42 livros entre 3 alunos. Se ao primeiro eu der $\frac{1}{3}$ do total, ao segundo $\frac{1}{7}$ do total e ao terceiro o restante, quantos livros receberá o terceiro aluno?

41. Um atleta fez 600 repetições de exercícios em uma semana. Se no primeiro dia ele fez $\frac{1}{5}$ das repetições e no segundo o dobro do dia anterior, quantas repetições ele fez nos dois primeiros dias?

42. Uma moto percorreu $\frac{4}{9}$ de uma estrada durante a manhã, e à tarde mais $\frac{2}{9}$. Sabendo que a moto rodou 600 km, qual é o comprimento da estrada?

43. Um carro percorreu $\frac{1}{4}$ da distância entre duas capitais no primeiro dia de viagem e, no dia seguinte, mais $\frac{5}{8}$ da mesma estrada, e ainda faltam 1 440 km para chegar à cidade pretendida. Qual é a distância entre as duas capitais?

CAPÍTULO 6 – NÚMEROS DECIMAIS

1. Frações decimais

> Frações decimais são todas as frações cujos denominadores são potências de 10.
>
> $\frac{1}{10}$ $\frac{1}{100}$
>
> As frações não decimais chamam-se ordinárias.

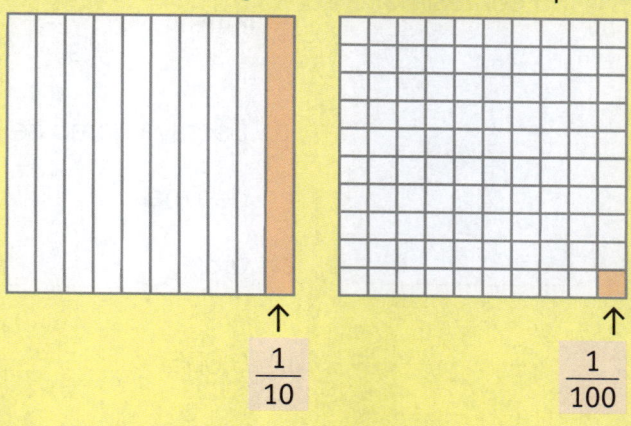

1. Assinale com **X** as frações decimais.

a) $\frac{7}{5}$

b) $\frac{4}{3}$

c) $\frac{3}{10}$

d) $\frac{7}{20}$

e) $\frac{1}{50}$

f) $\frac{11}{100}$

Números decimais

> Em um número decimal, os algarismos situados à esquerda da vírgula formam a parte inteira e os algarismos à direita formam a parte decimal.
>
> Exemplo:
>
> 254,021
>
> parte inteira   parte decimal

Centena	Dezena	Unidade	Décimo	Centésimo	Milésimo
2	5	4	0	2	1

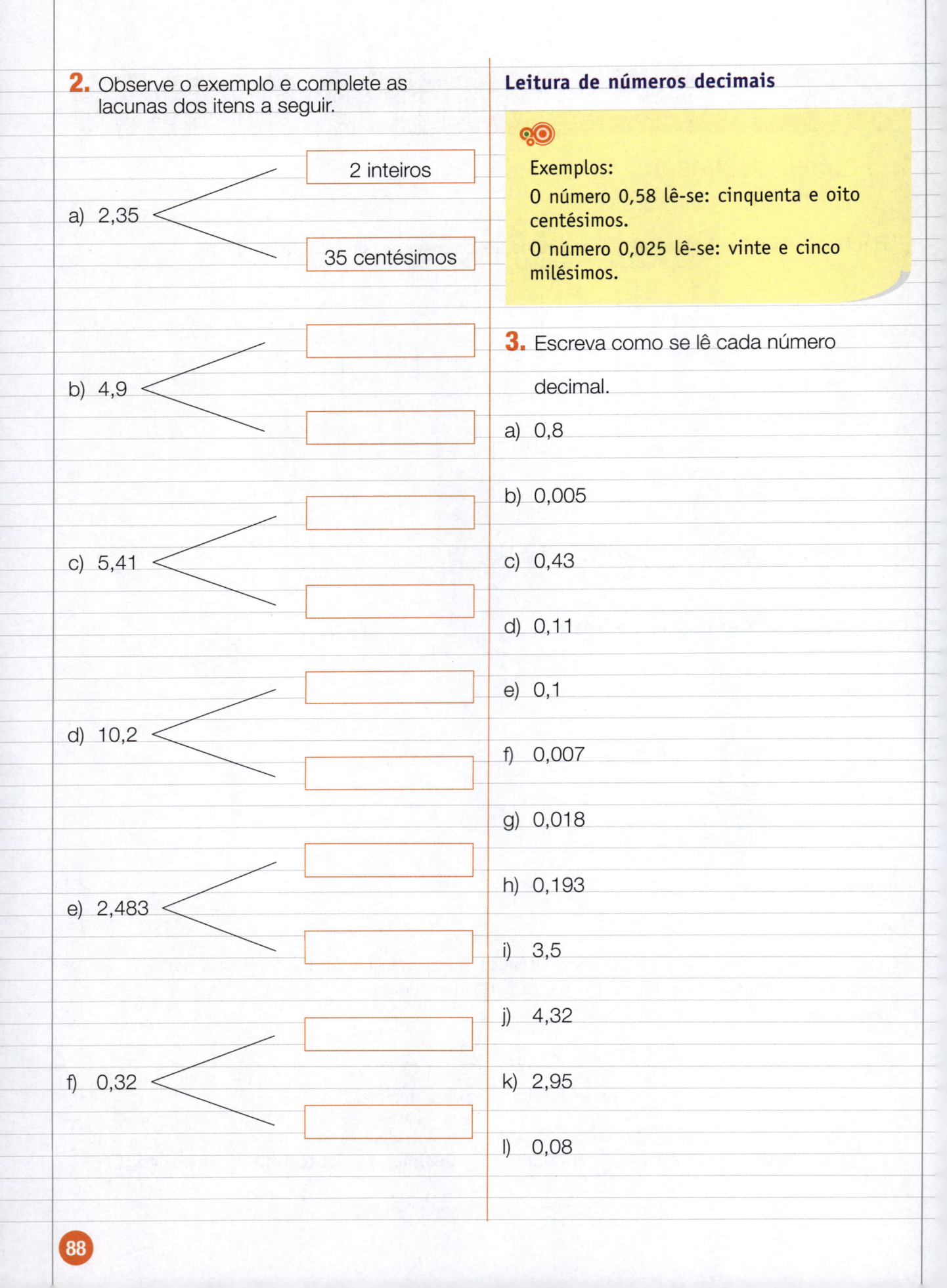

2. Observe o exemplo e complete as lacunas dos itens a seguir.

a) 2,35 — 2 inteiros / 35 centésimos

b) 4,9

c) 5,41

d) 10,2

e) 2,483

f) 0,32

Leitura de números decimais

Exemplos:
O número 0,58 lê-se: cinquenta e oito centésimos.
O número 0,025 lê-se: vinte e cinco milésimos.

3. Escreva como se lê cada número decimal.

a) 0,8

b) 0,005

c) 0,43

d) 0,11

e) 0,1

f) 0,007

g) 0,018

h) 0,193

i) 3,5

j) 4,32

k) 2,95

l) 0,08

Representação de uma fração decimal como um número decimal

> Para representar uma fração decimal como um número decimal, escrevemos a parte decimal com tantas casas decimais quantos forem os zeros do denominador.
>
> Exemplo:
>
> $$\frac{596}{100} = 5{,}96$$
>
> duas casas (no denominador) — duas casas (decimais)

4. Represente as frações decimais como números decimais.

a) $\dfrac{52}{10} =$

b) $\dfrac{35}{10} =$

c) $\dfrac{432}{10} =$

d) $\dfrac{7}{10} =$

e) $\dfrac{1357}{10} =$

f) $\dfrac{1}{100} =$

g) $\dfrac{5438}{1000} =$

h) $\dfrac{49}{1000} =$

i) $\dfrac{3}{1000} =$

j) $\dfrac{5}{10\,000} =$

k) $\dfrac{9}{1000} =$

Representação de um número decimal como uma fração decimal

> Representamos o numerador como um número decimal sem a vírgula e o denominador como o número 1 seguido de tantos zeros quantas forem as casas existentes após a vírgula do número decimal.
>
> Exemplo:
>
> $$45{,}8 = \frac{458}{10}$$
>
> uma casa — um zero

5. Represente os números decimais como frações decimais.

a) $32{,}3 =$

b) $0{,}5 =$

c) $5{,}3 =$

d) $472{,}1 =$

e) $4{,}35 =$

f) $0{,}03 =$

g) $0{,}142 =$

h) $3{,}157 =$

i) $2{,}019 =$

j) $1{,}001 =$

k) $2{,}538 =$

6. Associe a coluna da esquerda com a da direita.

a) 0,32   ☐ 0,05

b) 4/10   ☐ 243/100

c) 5 centésimos   ☐ 32/100

d) 2,43   ☐ 3 centésimos

e) 0,01   ☐ 0,4

f) 0,03   ☐ 1 centésimo

g) 1,3   ☐ 13/100

h) 0,13   ☐ 13/10

Comparação de dois números decimais

1º passo: Igualar as casas decimais.

2º passo: Comparar as partes inteiras: se forem iguais, basta comparar as partes decimais da esquerda para a direita, casa por casa.

Exemplos:
a) 3,782 e 3,78 → 3,782 > 3,780
b) 0,7291 e 0,72930 → 0,7293 > 0,7291

Se as partes inteiras forem diferentes, o número decimal maior será aquele cuja parte inteira for a maior.

Exemplo:
7,003 > 4,986 → 7 > 4

7. Complete as lacunas com > (maior) ou < (menor).

a) 0,05 ☐ 0,005

b) 0,03 ☐ 0,3

c) 0,32 ☐ 0,032

d) 0,001 ☐ 0,01

e) 0,8 ☐ 0,08

f) 2,3 ☐ 2,03

g) 3,05 ☐ 3,5

h) 0,1 ☐ 0,01

i) 0,815 ☐ 0,0815

j) 0,07 ☐ 0,7

k) 9,03 ☐ 9,3

l) 0,145 ☐ 0,0145

m) 0,12 ☐ 0,012

n) 0,07 ☐ 0,75

o) 1,01 ☐ 1,1

2. Operações com números decimais

Adição e subtração de números decimais

> Para adicionar ou subtrair números decimais, primeiro igualamos as casas decimais, depois dispomos vírgula embaixo de vírgula. Exemplos:
>
> a) 4,5 + 0,02 + 19,2
>
> ```
>     4,50
>     0,02
>  + 19,20
>  ───────
>    23,72
> ```
>
> b) 87,2 − 3,758
>
> ```
>   87,200
>  − 3,758
>  ───────
>   83,442
> ```

8. Efetue.

a) 0,02 + 3,12 =

b) 4,54 + 2,15 =

c) 3,001 + 0,143 =

d) 4,1 + 0,2 =

e) 75,2 + 0,01 =

f) 0,8 + 0,3 =

g) 1,01 + 3,3 =

h) 40,3 + 2,18 =

i) 5,4 + 2,32 =

j)   0,003 + 0,12 =

k)   0,03 + 17,8 + 9,2 =

l)   5,4 + 0,14 + 20,3 =

m) 80,2 + 36,8 + 125,1 =

n)   58,2 + 80,6 + 120,8 =

o)   45,7 + 1,37 + 2,01 =

p)   60,2 + 28,7 + 3,08 =

q)   35,2 + 12,03 + 1,452 =

r)   10,5 + 3,02 + 76,8 =

s)   0,3 + 0,08 + 0,005 =

t)   1,5 + 2,05 + 8,13 =

9. Efetue:

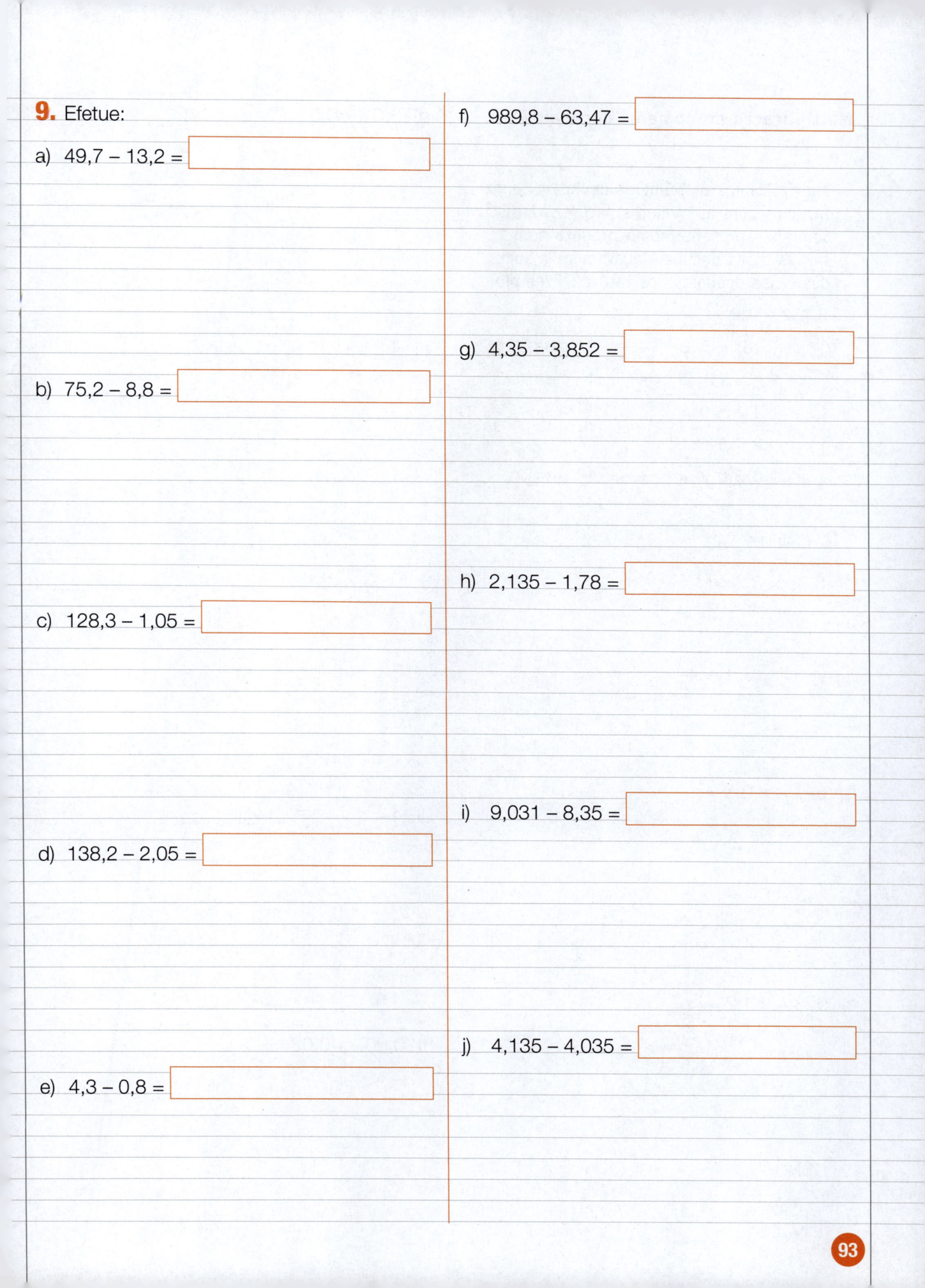

a) 49,7 − 13,2 =

b) 75,2 − 8,8 =

c) 128,3 − 1,05 =

d) 138,2 − 2,05 =

e) 4,3 − 0,8 =

f) 989,8 − 63,47 =

g) 4,35 − 3,852 =

h) 2,135 − 1,78 =

i) 9,031 − 8,35 =

j) 4,135 − 4,035 =

Multiplicação de números decimais

> Multiplicamos os números decimais como fazemos com os números naturais. Em seguida, apresentamos o produto com tantas casas decimais quanto for a soma das casas decimais dos fatores. Exemplo:
>
> 8,752 × 1,2
>
> ```
>     8, 7 5 2   ←— 3 casas
>  ×     1, 2   ←— 1 casa
>  ─────────────
>     1 7 5 0 4
>     8 7 5 2
>  ─────────────
>   1 0,5 0 2 4  ←— 4 casas
> ```

10. Calcule.

a) 8,36 × 3,2 =

b) 54,01 × 2,5 =

c) 923,4 × 1,2 =

d) 8,01 × 0,5 =

e) 4,3 × 0,01 =

f) 0,03 × 0,01 =

g) 3,2 × 0,05 =

h) 0,007 × 0,02 =

i) 35 × 0,02 = ☐

j) 1,4 × 3,2 = ☐

k) 2,05 × 1,1 = ☐

l) 2,5 × 2,5 = ☐

m) 0,01 × 0,01 = ☐

n) 5,32 × 0,03 = ☐

Divisão com decimais

> Basta igualar as casas decimais e efetuar a divisão.
>
> Exemplo:
> 8,680 ÷ 0,2
>
> ```
>  8,6 8 0   | 0,2 0 0
>  0 6 8 0     4 3, 4
>    0 8 0 0
>        0 0 0
> ```

11. Efetue.

a) 4,78 ÷ 0,2 = ☐

b) 1,23 ÷ 0,03 = ☐

c) 0,8 ÷ 0,08 = ☐

d) 3,6 ÷ 0,005 = ☐

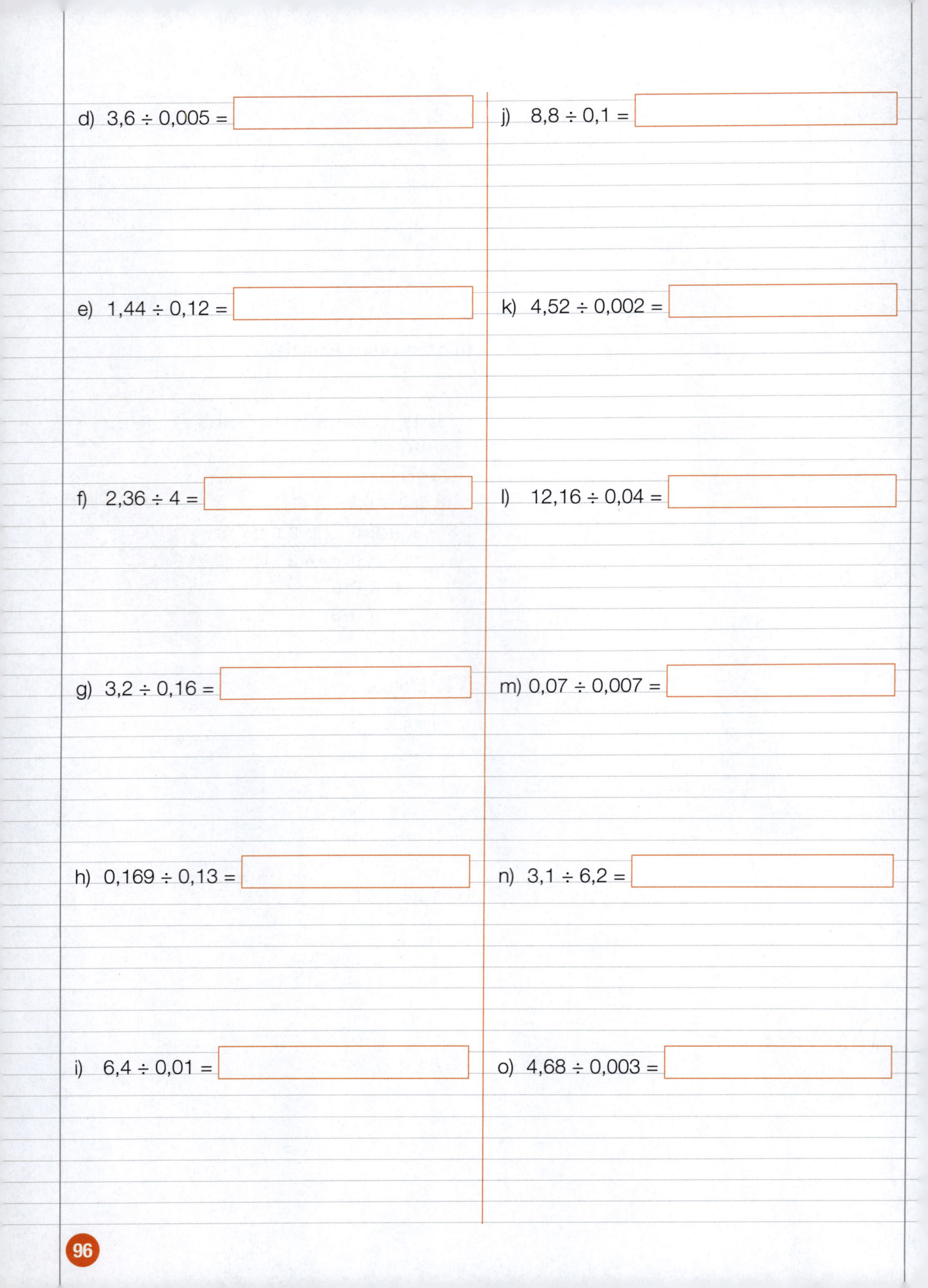

e) 1,44 ÷ 0,12 = ☐

f) 2,36 ÷ 4 = ☐

g) 3,2 ÷ 0,16 = ☐

h) 0,169 ÷ 0,13 = ☐

i) 6,4 ÷ 0,01 = ☐

j) 8,8 ÷ 0,1 = ☐

k) 4,52 ÷ 0,002 = ☐

l) 12,16 ÷ 0,04 = ☐

m) 0,07 ÷ 0,007 = ☐

n) 3,1 ÷ 6,2 = ☐

o) 4,68 ÷ 0,003 = ☐

p) $0,09 \div 0,9 =$ ☐

q) $1,3 \div 13 =$ ☐

r) $0,06 \div 0,002 =$ ☐

s) $5 \div 0,02 =$ ☐

t) $20,101 \div 5 =$ ☐

3. Dízimas periódicas

Uma fração representa uma quantidade de um todo que foi dividido em partes iguais, ou seja, representa uma divisão.

Essa divisão pode resultar em um decimal exato ou um decimal não exato.

Exemplos:

a) $3 \div 5 = 0,6$ (decimal exato)

b) $1 \div 3 = 0,333...$ (decimal não exato)

Se a divisão resultar em um decimal não exato e o quociente apresentar uma repetição de algarismos (período), denominamos esse resultado de dízima periódica. Exemplos:

a) $\dfrac{1}{3} = 0,333... = 0,\overline{3}$

b) $\dfrac{5}{6} = 0,8333... = 0,833333... = 0,8\overline{3}$

- As frações que dão origem a dízimas periódicas são chamadas de **frações geratrizes**.

- Uma dízima periódica pode ser:

Simples: se o período aparecer logo após a vírgula.

Exemplos: $0,55555...$; $0,13131313...$

Composta: se antes do período aparecer uma parte não periódica.

Exemplos: $0,477777...$; $0,322222...$

12. Identifique com **S** as dízimas periódicas simples e com **C** as compostas.

a) $0,33...$ ☐

b) $1,2525...$ ☐

c) 0,52121... ☐

d) 0,2111... ☐

e) 3,4545... ☐

f) 2,1818... ☐

g) 0,15454... ☐

h) 2,273131... ☐

i) 0,0777... ☐

j) 0,171717... ☐

k) 2,2323... ☐

l) 1,35757... ☐

m) 0,2141414... ☐

n) 7,5444... ☐

o) 7,444... ☐

13. Complete o quadro a seguir.

Fração geratriz	Dízima periódica	Período
$\dfrac{2}{3}$	0,66... =	
$\dfrac{12}{99}$	0,1212... =	
$\dfrac{7}{9}$	0,77... =	
$\dfrac{51}{90}$	0,566... =	
$\dfrac{8}{9}$	0,88... =	
$\dfrac{153}{99}$	1,5454... =	
$\dfrac{37}{90}$	0,411... =	
$\dfrac{23}{9}$	2,55... =	
$\dfrac{122}{990}$	0,12323... =	
$\dfrac{5}{9}$	0,55... =	
$\dfrac{147}{990}$	0,14848... =	

Conversão de uma dízima periódica simples em fração geratriz

> A fração geratriz da parte decimal tem como numerador o período da dízima, e como denominador tantos noves quantos forem os algarismos do período.
> Exemplos:
> a) $0,3333... = 0 + \dfrac{3}{9}$
> b) $2,515151... = 2 + \dfrac{51}{99} = \dfrac{249}{99}$

14. Determine a fração geratriz das dízimas periódicas simples.

a) $0,333... =$

b) $0,888... =$

c) $2,555... =$

d) $0,111... =$

e) $0,555... =$

f) $1,888... =$

g) $3,181818... =$

h) $0,132132132... =$

i) $0,541541541... =$

j) $2,121212... =$

Conversão de uma dízima periódica composta em fração geratriz

> O numerador da fração geratriz da parte decimal é a diferença da parte não periódica seguida do período, menos a parte não periódica. O denominador será tantos noves quantos forem os algarismos do período e tantos zeros quantos forem os algarismos da parte não periódica.
> Exemplos:
> a) $0,5666... = 0 + \dfrac{56-5}{90} = \dfrac{51}{90}$
> b) $0,2\overline{35}... = 0 + \dfrac{235-2}{990} = \dfrac{233}{990}$
> c) $5,2\overline{5} = 5 + \dfrac{25-2}{90} = 5 + \dfrac{23}{90} = \dfrac{473}{90}$

15. Determine a fração geratriz das dízimas periódicas compostas.

a) $0,1333... =$

b) $0,2\overline{7} =$

c) $0,3\overline{81} =$

d) $0{,}12\overline{4} =$

e) $1{,}2\overline{7} =$

f) $1{,}3\overline{51} =$

g) $2{,}5\overline{38} =$

h) $0{,}1\overline{345} =$

i) $1{,}6\overline{4} =$

CAPÍTULO 7 – NOÇÕES DE GEOMETRIA

1. Curvas abertas e curvas fechadas

Curvas abertas são infinitas (ou ilimitadas).

Curvas fechadas são finitas (ou limitadas).

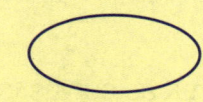

Curvas simples não têm pontos de intersecção, ou seja, nunca se cruzam.

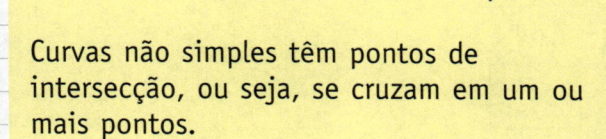

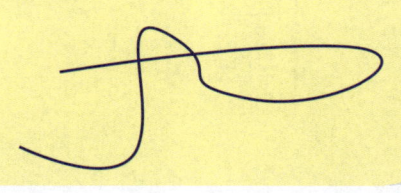

Curvas não simples têm pontos de intersecção, ou seja, se cruzam em um ou mais pontos.

1. Classifique as curvas abertas em simples ou não simples.

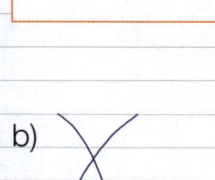

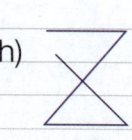

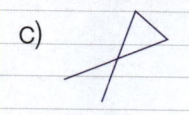

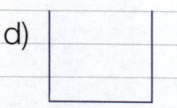

a)

b)

c)

d)

e)

f)

g)

h)

i)

j)

2. Classifique as curvas fechadas em simples ou não simples.

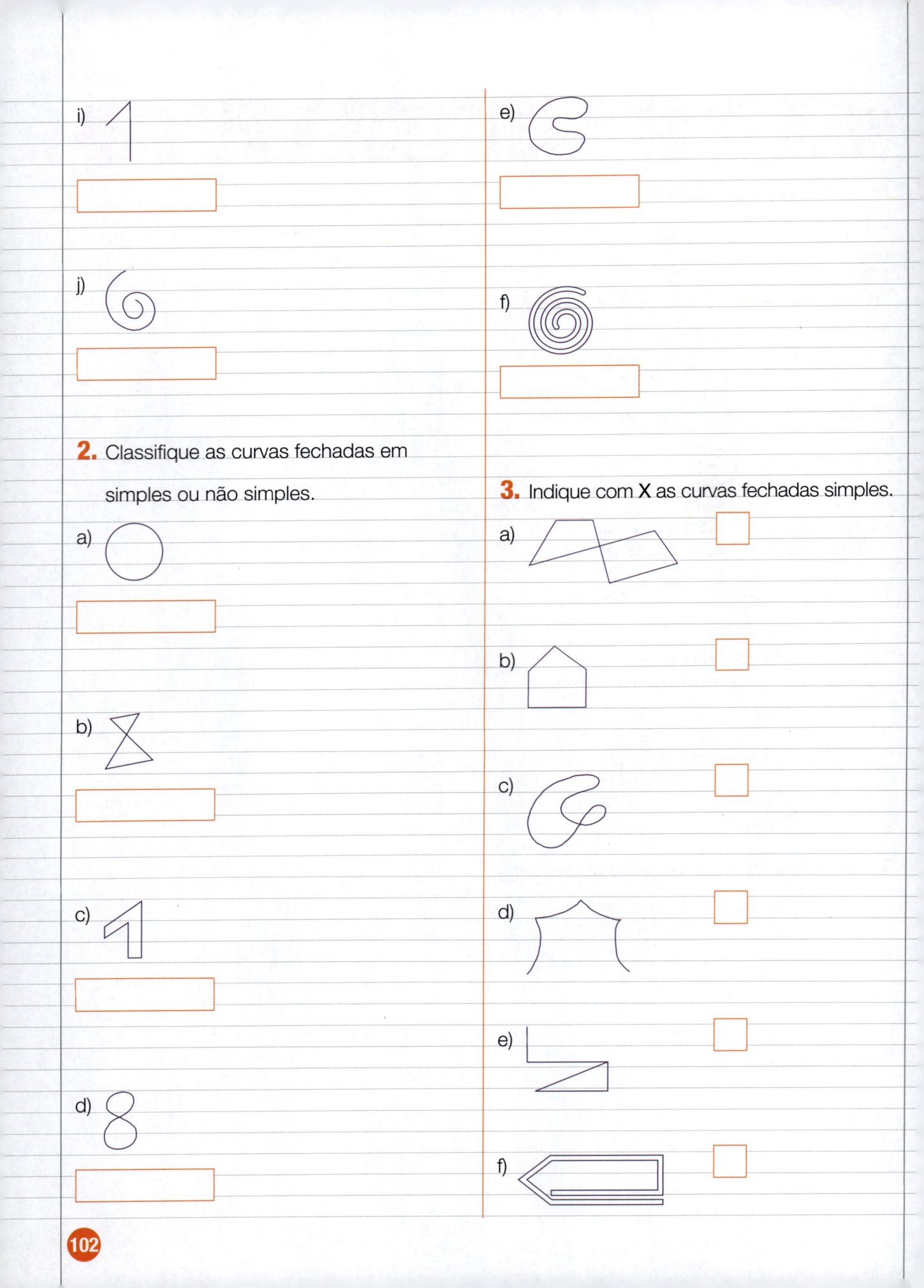

a)

b)

c)

d)

e)

f)

3. Indique com **X** as curvas fechadas simples.

a)

b)

c)

d)

e)

f)

2. Ponto, reta, plano

Ponto, reta e plano são conceitos primitivos da Geometria.

Grãos de areia nos dão uma ideia de pontos; fios esticados, a ideia de retas; e o piso de uma sala, a ideia de plano.

Indicamos o ponto por uma letra maiúscula, a reta por uma letra minúscula e o plano por uma letra grega minúscula. Exemplos:

Ponto A   Reta r

. A   r

A reta é formada por um conjunto infinito de pontos.

Plano α

O plano se estende em todas as direções, é infinito, e é formado por infinitos pontos.

4. Escreva se os elementos dão ideia de pontos, retas ou planos.

a) Folha de um caderno ▢

b) Pingo da letra i ▢

c) Linha da folha do caderno ▢

d) Parede de uma sala ▢

e) Estrelas do céu ▢

5. Determine se as sentenças abaixo são verdadeiras (**V**) ou falsas (**F**):

a) Ponto, reta e plano são conceitos primitivos da Geometria. ▢

b) Uma reta possui somente 2 pontos. ▢

c) A reta não tem começo nem fim. ▢

d) O plano é finito. ▢

e) A reta é um conjunto de infinitos pontos. ▢

f) O ponto é um conjunto de retas. ▢

g) O ponto é um elemento da reta. ▢

h) O plano é um conjunto de infinitos pontos. ▢

i) O ponto é um elemento do plano. ▢

6. Na figura apresentada, trace:

a) Uma reta que passe por A.

b) Duas retas que passem por B.

c) Três retas que passem por C.

d) Uma reta que passe por A e B.

7. Determine se as sentenças abaixo são verdadeiras (**V**) ou falsas (**F**).

a) Por um ponto qualquer passa uma única reta. ☐

b) Por um ponto qualquer passam apenas duas retas. ☐

c) Por um ponto qualquer passam infinitas retas. ☐

d) Dois pontos determinam uma reta. ☐

e) Numa reta há um número finito de pontos. ☐

3. Reta, segmento de reta e semirreta

Uma **reta** definida pelos pontos A e B não tem começo nem fim, é infinita.

Representação: $\overleftrightarrow{AB}$

Um pedaço da reta que tem um começo e não tem fim é denominado **semirreta**.

Representação: $\overrightarrow{AB}$

Um pedaço da reta, com começo e fim, é denominado **segmento de reta**.

Representação: $\overline{AB}$

8. Associe a coluna da esquerda com a da direita.

a) A———B $\overline{AB}$ ☐ reta AB

b) A———B→ $\overrightarrow{AB}$ ☐ segmento AB

c) ←A———B→ $\overleftrightarrow{AB}$ ☐ semirreta AB

9. Complete usando convenientemente as palavras **segmento**, **semirreta** e **reta**.

a) $\overrightarrow{CD}$ ☐ CD

b) $\overleftrightarrow{XY}$ ☐ XY

c) $\overleftrightarrow{EF}$ [_____] EF

d) $\overline{AB}$ [_____] AB

e) $\vec{GH}$ [_____] GH

f) $\overline{OX}$ [_____] OX

10. Determine se as sentenças abaixo são verdadeiras (**V**) ou falsas (**F**).

a) A reta não tem começo nem fim. ☐

b) A reta é finita. ☐

c) A reta é infinita. ☐

d) Um segmento de reta tem dois extremos. ☐

e) A semirreta não tem começo nem fim. ☐

f) O segmento de reta é infinito. ☐

g) A semirreta tem origem e não tem fim. ☐

Figuras planas

Uma figura geométrica plana formada apenas por segmentos de reta chama-se polígono. Por exemplo, os triângulos e quadriláteros são polígonos.

Triângulo é um polígono de 3 lados.

Quadrilátero é um polígono de 4 lados.

4. Perímetro

Perímetro é a soma das medidas de comprimento dos lados de uma figura plana.

11. Calcule o perímetro (a soma das medidas dos lados) das seguintes figuras planas.

a) Triângulo com lados 5 m, 5 m, 5 m. [_____]

b) Quadrado com lados 4 cm, 4 cm, 4 cm, 4 cm. [_____]

c) Retângulo com lados 2,4 dm, 1,6 dm, 2,4 dm, 1,6 dm. [_____]

105

d) [trapézio: 4,6 cm (topo); 2,9 cm; 3,2 cm; 8,2 cm (base)]

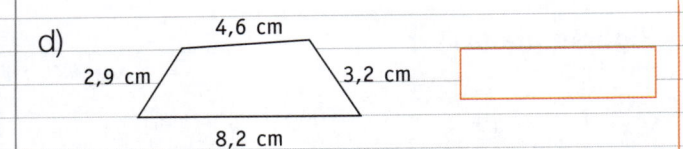

e) [losango com lados 3 m, 3 m, 3 m, 3 m]

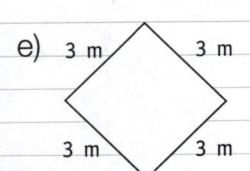

f) [paralelogramo: 6 cm; 4 cm; 4 cm; 6 cm]

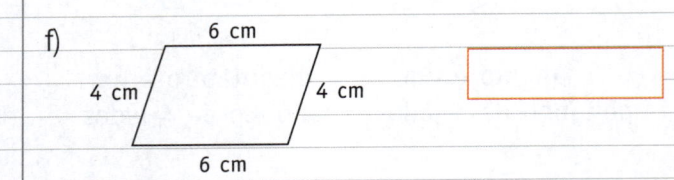

Comprimento da circunferência

A medida do comprimento de uma circunferência é dada pela expressão:
C = 2 × π × r, sendo C o comprimento e r o raio da circunferência.

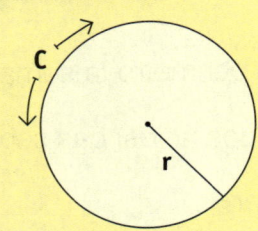

Adote π = 3,14

12. Calcule a medida do comprimento das circunferências de raio:

a) 10 cm

b) 20 cm

c) 2 m

d) 5 m

5. Área

Área é a medida de uma superfície plana. Para medir uma superfície adotamos outra como unidade de medida.

1 UA (unidade de área)

A área desse quadrado mede 9 unidades de área.

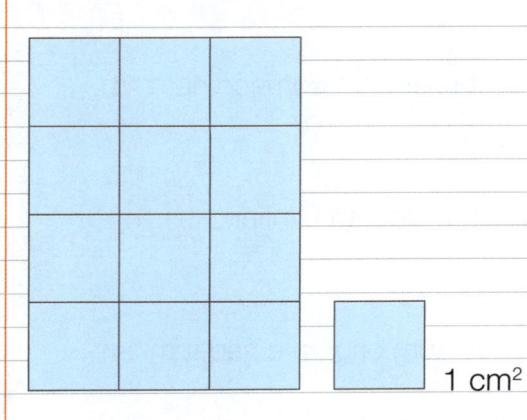

1 cm²

A superfície desse retângulo mede 12 cm².

Área de algumas figuras planas

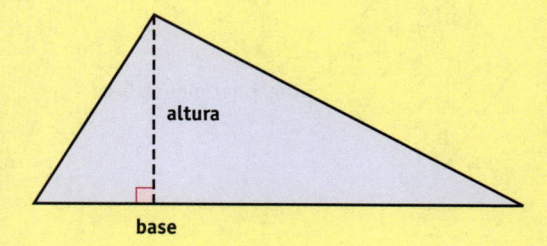

Triângulo
Área = $\dfrac{\text{base} \times \text{altura}}{2}$

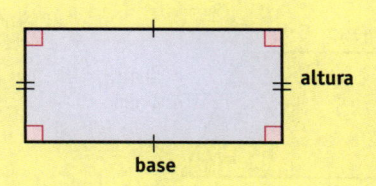

Retângulo
Área = base × altura

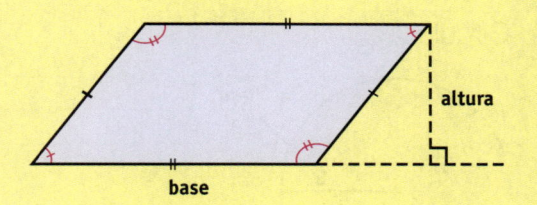

Paralelogramo
Área = base × altura

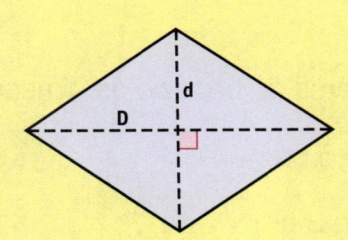

Losango
Área = d × D
d: diagonal menor
D: diagonal maior

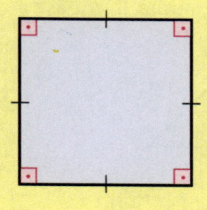

Quadrado
Área = lado × lado

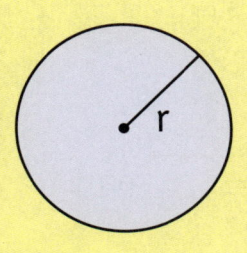

Círculo
Área = $\pi \times r^2$

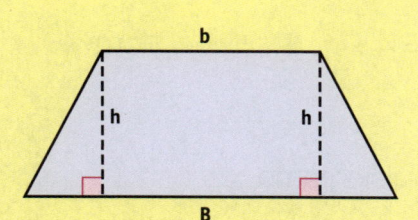

Trapézio
Área = $\dfrac{b \times B}{2} \times h$
b: base menor
B: base maior
h: altura

13. Complete.

a) Triângulo

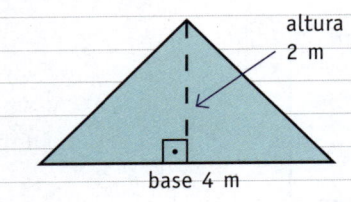

altura 2 m
base 4 m

Área = $\dfrac{\boxed{} \times \boxed{}}{2}$ = $\boxed{}$ m²

b) Quadrado

lado 5 cm
lado 5 cm

Área = 5 × $\boxed{}$ = $\boxed{}$ cm²

c) Retângulo

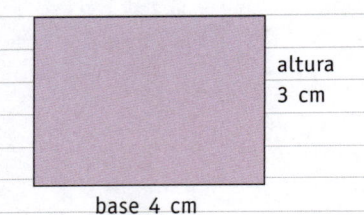

altura 3 cm
base 4 cm

Área = 4 × $\boxed{}$ = $\boxed{}$ cm²

d) Paralelogramo

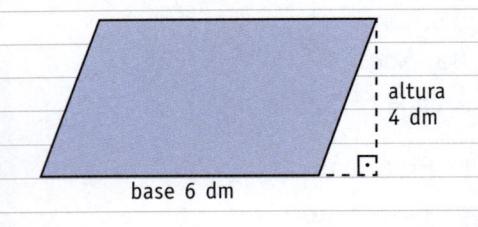

altura 4 dm
base 6 dm

Área = $\boxed{}$ × $\boxed{}$ = $\boxed{}$ dm²

e) Losango

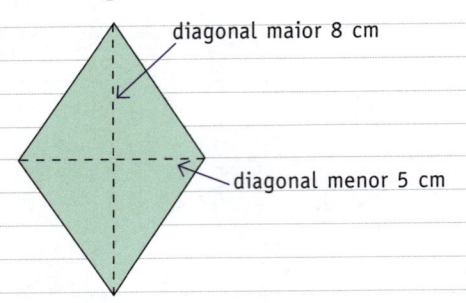

diagonal maior 8 cm
diagonal menor 5 cm

Área = $\dfrac{\boxed{} \times \boxed{}}{2}$ = $\boxed{}$ cm²

f) Trapézio

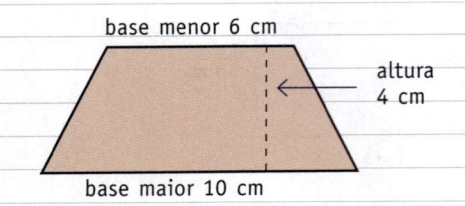

base menor 6 cm
altura 4 cm
base maior 10 cm

Área = $\dfrac{(\boxed{} + \boxed{}) \times \boxed{}}{2}$ = $\boxed{}$ cm²

g) Círculo

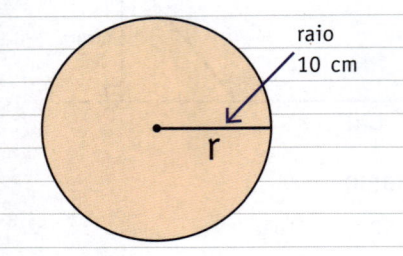

raio 10 cm
r

Área = $\boxed{}$ × $\boxed{}$ = $\boxed{}$ cm²

14. Calcule a área do trapézio de dimensões:

a) base maior: 5 cm

base menor: 3 cm

altura: 4 cm

b) base maior: 4,72 cm

   base menor: 2,28 cm

   altura: 3 cm

15. Calcule a área do círculo cujo raio mede:

   (Adote π = 3,14.)

a) 6 cm

b) 8 dm

c) 4 m

d) 5 cm

16. Complete os quadros seguintes.

a) Quadrado

lado	perímetro	área
4 cm		
	12 dm	
1 m		
		25 cm²

b) Retângulo

base	altura	perímetro	área
2 cm	5 cm		
	3 dm		12 dm²
6 cm		16 cm	
	1 m		3 m²

17. Complete as lacunas de modo que as sentenças sejam verdadeiras.

a) A área de um quadrado de perímetro 20 m é ☐ m²

b) O perímetro de um quadrado de área 100 cm² é igual a ☐ .

c) A área de um retângulo de base 12 cm cuja altura mede a terça parte da base é igual a ☐ cm².

d) A área de um losango em que uma diagonal é o dobro da outra e a menor delas mede 5 cm é igual a ☐ cm²

CAPÍTULO 8 – MEDIDAS

1. Medidas de comprimento

A unidade padrão de medidas de comprimento no sistema métrico decimal é o **metro**.

Múltiplos e submúltiplos do metro

quilômetro	hectômetro	decâmetro	metro	decímetro	centímetro	milímetro
km	hm	dam	m	dm	cm	mm

Para converter uma unidade de medida em outra imediatamente inferior, basta multiplicar seu valor por 10; e para convertê-la em uma unidade imediatamente superior, basta dividir seu valor por 10.

1. Complete as lacunas das sentenças abaixo.

a) A unidade fundamental de comprimento é o _____ (m).

b) Os múltiplos do metro são:

_____ (km)

_____ (hm)

_____ (dam)

c) Os submúltiplos do metro são:

_____ (dm)

_____ (cm)

_____ (mm)

2. Associe as unidades de medidas de comprimento com sua forma abreviada:

a) hectômetro   km
   quilômetro   hm
   decâmetro   dam

b) decímetro   cm
   centímetro   mm
   milímetro   dm

3. Complete as lacunas com a unidade de medida que corresponde ao comprimento em metros:

a) 1 _____ (km) corresponde a 1.000 metros.

b) 1 _____ (hm) corresponde a 100 metros.

111

c) 1 ▭ (dam) corresponde a 10 metros.

d) 1 ▭ (dm) corresponde a 0,1 do metro.

e) 1 ▭ (cm) corresponde a 0,01 do metro.

f) 1 ▭ (mm) corresponde a 0,001 do metro.

g) Dividindo-se o metro em:

- 10 partes iguais, cada parte é:

  1 ▭ (dm)

- 100 partes iguais, cada parte é:

  1 ▭ (cm)

- 1000 partes iguais, cada parte é:

  1 ▭ (mm)

4. Converta para metros (m) os valores apresentados a seguir.

a) 3 km = ▭

b) 0,32 hm = ▭

c) 0,08 dam = ▭

d) 42,6 dm = ▭

e) 843,28 cm = ▭

f) 128 mm = ▭

5. Converta os valores apresentados para centímetros.

a) 432 mm = ▭

b) 158 m = ▭

c) 85,43 dm = ▭

d) 0,08 hm = ▭

e) 0,01 dam = ▭

f) 5 dm = ▭

6. Complete as lacunas das sentenças abaixo.

a) 48 m = ▭ dm

b) 75,2 hm = ▭ dam

c) 0,28 cm = ▭ mm

d) 18 dm = ▭ cm

e) 5 m = ▭ cm

f) 2,08 dam = ▭ m

g) 0,008 km = ▭ dam

h) 39 m = ▭ dam

i) 28,3 dm = ▭ mm

j) 9 km = ▭ dam

k) 0,03 dam = ▭ hm

l) 7,309 m = ▭ dam

m) 0,03 m = ▭ hm

n) 48,64 cm = ▭ m

o) 508 mm = ▭ m

2. Noção de área

Medidas de superfície

A unidade padrão de medidas de superfície no sistema métrico decimal é o **metro quadrado** (m²).

Múltiplos e submúltiplos do metro quadrado

quilômetro quadrado	hectômetro quadrado	decâmetro quadrado	metro quadrado	decímetro quadrado	centímetro quadrado	milímetro quadrado
km²	hm²	dam²	m²	dm²	cm²	mm²

Para converter uma unidade de medida em outra imediatamente inferior, basta multiplicar seu valor por 100; e para convertê-la em uma unidade imediatamente superior, basta dividir seu valor por 100.

7. Complete as lacunas dos itens seguintes.

a) A unidade fundamental para medir superfícies é o _____ (m²).

b) Os múltiplos do metro quadrado são:

_____ (km²)

_____ (hm²)

_____ (dam²)

c) Os submúltiplos do metro quadrado são:

_____ (dm²)

_____ (cm²)

_____ (mm²)

8. Associe as unidades de medidas com sua forma abreviada.

a) quilômetro quadrado ☐ mm²

b) hectômetro quadrado ☐ dam²

c) decâmetro quadrado ☐ km²

d) metro quadrado ☐ cm²

e) decímetro quadrado ☐ hm²

f) centímetro quadrado ☐ m²

g) milímetro quadrado ☐ dm²

9. Converta os valores apresentados para m².

a) 3 km² = _____ m²

b) 0,81 hm² = _____ m²

c) 2 dam² = _____ m²

d) 32 dm² = _____ m²

e) 500 dm² = _____ m²

f) 0,01 dam² = _____ m²

g) 80 000 cm² = ☐ m²

h) 451 208 mm² = ☐ m²

10. Faça as conversões de unidades de medidas.

a) 5 dm² = ☐ cm²
b) 7,48 m² = ☐ dm²
c) 0,09 hm² = ☐ dam²
d) 3,428 cm² = ☐ mm²
e) 0,01 km² = ☐ dam²
f) 7,28 dm² = ☐ mm²
g) 54 000 m² = ☐ hm²
h) 548 cm² = ☐ mm²
i) 5 432,5 mm² = ☐ cm²
j) 48 m² = ☐ dam²
k) 0,003 m² = ☐ mm²
l) 4,36 dam² = ☐ dm²

c) 2,6 m² + 15,3 dm² + 0,12 dam² = ☐

d) 4,28 dam² − 30 500 dm² + 140 m² = ☐

e) 5,20 hm² − 0,013 km² = ☐

f) 5 m² + 2 dm² + 140 000 cm² = ☐

11. Calcule em m².

a) 0,042 dam² + 4,6 m² = ☐

b) 3,26 h² − 4200 dm² = ☐

g) 0,12 dam² − 1200 dm² = ☐

h) 45,2 m² − 541 dm² + 0,1 dam² = ☐

114

3. Volume, capacidade e massa

Medidas de volume

A unidade padrão de medidas de volume é o **metro cúbico** (m^3).

Múltiplos e submúltiplos do metro cúbico

quilômetro cúbico	hectômetro cúbico	decâmetro cúbico	metro cúbico	decímetro cúbico	centímetro cúbico	milímetro cúbico
km^3	hm^3	dam^3	m^3	dm^3	cm^3	mm^3

Para converter uma unidade de medida em outra imediatamente inferior, basta multiplicar seu valor por 1000; e para convertê-la em uma unidade imediatamente superior, basta dividir seu valor por 1000.

12. Complete as sentenças de modo que sejam verdadeiras.

a) A unidade fundamental de volume é o ☐ (m^3).

b) Os múltiplos do metro cúbico são:
☐ (km^3).
☐ (hm^3).
☐ (dam^3).

c) Os submúltiplos do metro cúbico são:
☐ (dm^3).
☐ (cm^3).
☐ (mm^3).

13. Converta os valores para a unidade de medida padrão de volume (m^3).

a) 5 000 dm^3 = ☐

b) 48 052 cm^3 = ☐

c) 0,1 dam^3 = ☐

d) 52 dam^3 = ☐

e) 1,3 hm^3 = ☐

f) 0,0005 km^3 = ☐

g) 4 hm^3 = ☐

h) 2 dam^3 = ☐

Medidas de capacidade

Capacidade é a medida de líquido, gás ou outra substância que um recipiente pode conter. A unidade padrão de medida de capacidade é o **litro** (L).

Múltiplos e submúltiplos do litro

quilolitro	hectolitro	decalitro	litro	decilitro	centilitro	mililitro
kL	hL	daL	L	dL	cL	mL

Para converter uma unidade de medida em outra imediatamente inferior, basta multiplicar seu valor por 10; e para convertê-la em uma unidade imediatamente superior, basta dividir seu valor por 10.

14. Complete as sentenças de modo que sejam verdadeiras.

a) A unidade fundamental para medir capacidade é o _____ (L).

b) Os múltiplos do litro são:
_____ (kL)
_____ (hL)
_____ (daL)

c) Os submúltiplos do litro são:
_____ (dL)
_____ (cL)
_____ (mL)

15. Associe as unidades de medidas de capacidade com sua forma abreviada.

a) quilolitro — daL
hectolitro — kL
decalitro — hL

b) decilitro — mL
centilitro — dL
mililitro — cL

16. Complete as lacunas das sentenças a seguir.

a) Em cada decalitro temos 10 _____.

b) Em cada hectolitro temos _____ litros.

c) Em cada quilolitro temos _____ litros.

d) O decilitro é a décima parte do _____.

e) O centilitro é a _____ parte do litro.

f) O mililitro é a _____ parte do litro.

17. Converta os valores apresentados para litros (L).

a) 5 kL = ☐ L

b) 25 dL = ☐ L

c) 0,75 hL = ☐ L

d) 1,25 daL = ☐ L

e) 0,08 daL = ☐ L

f) 945,32 cL = ☐ L

g) 43,85 mL = ☐ L

h) 0,05 kL = ☐ L

i) 2,453 daL = ☐ L

j) 0,003 kL = ☐ L

k) 0,05 dL = ☐ L

l) 20 dL = ☐ L

18. Converta os valores apresentados para quilolitro (kL).

> 1 litro corresponde a um decímetro cúbico.
> 1 L = 1 dm³
> 1 dm³ = 1 litro

a) 4 532 L = ☐ kL

b) 0,48 hL = ☐ kL

c) 32 daL = ☐ kL

d) 58 932 dL = ☐ kL

e) 53 L = ☐ kL

f) 680 L = ☐ kL

19. Complete as igualdades de modo que sejam verdadeiras.

a) 3 dm³ = ☐ L

b) 4 m³ = ☐ dm³ = ☐ L

c) 0,02 dm³ = ☐ L

d) 452,67 cm³ = ☐ dm³ = ☐ L

4. Medidas de massa

Massa é a medida que indica a quantidade de matéria presente em um corpo.
A unidade padrão de medida de massa no Sistema Internacional (SI) é o quilograma (kg).
Uma unidade bastante utilizada é o **grama** (g)

Múltiplos e submúltiplos do grama

quilograma	hectograma	decagrama	grama	decigrama	centigrama	miligrama
kg	hg	dag	g	dg	cg	mg

Para converter uma unidade de medida em outra imediatamente inferior, basta multiplicar seu valor por 10; e para convertê-la em uma unidade imediatamente superior, basta dividir seu valor por 10.

Outras unidades de massa:

1 tonelada (t) = 1000 kg

1 arroba (@) = 15 kg

20. Complete as lacunas das sentenças seguintes.

a) A unidade fundamental de massa é o _____ (kg).

b) Na prática, utiliza-se como medida principal o _____ (g).

c) Os múltiplos do grama são:

_____ (kg)

_____ (hg)

_____ (dag)

d) Os submúltiplos do grama são:

_____ (dg)

_____ (cg)

_____ (mg)

21. Associe as unidades de medidas de massa com sua forma abreviada.

a) quilograma ☐ dag

b) hectograma ☐ kg

c) decagrama ☐ hg

d) decigrama ☐ cg

e) centigrama ☐ mg

f) miligrama ☐ dg

g) tonelada ☐ t

22. Converta os valores apresentados para grama (g).

a) 5 kg = ☐ g

b) 321 cg = ☐ g

c) 542 mg = ☐ g

d) 0,24 hg = ☐ g

e) 0,003 kg = ☐ g

f) 3,23 dag = ☐ g

g) 203,4 cg = ☐ g

h) 532 mg = ☐ g

i) 63,25 dg = ☐ g

j) 2,6 dag = ☐ g

k) 54 dg = ☐ g

l) 4,5 kg = ☐ g

23. Converta os valores apresentados para quilograma (kg).

a) 25 hg = ☐ kg

b) 325,4 dag = ☐ kg

c) 4 534 g = ☐ kg

d) 13,5 g = ☐ kg

e) 4 500 dg = ☐ kg

f) 32,6 hg = ☐ kg

g) 6 785 g = ☐ kg

h) 500 g = ☐ kg

i) 12 790 mg = ☐ kg

j) 5 800 dag = ☐ kg

k) 11 000 g = ☐ kg

l) 34 619 cg = ☐ kg

ESPAÇO RESERVADO PARA ANOTAÇÕES E EXERCÍCIOS DE REFORÇO